Coleção
FILOSOFIA
ATUAL

Impresso no Brasil, julho de 2014

Título original: *Wittgenstein et les Limites du Langage*
Copyright © Librairie Philosophique J. Vrin, Paris, 2004.
G. Gabriel, "Logik als Literatur? Zur Bedeutung des Literarischen bei Wittgenstein", *Merkur* 32, cahier 359, 1978, p. 353-62 © G. Gabriel, autorizado pelo autor.
G E M Anscombe, *Letters to Pierre Hadot*, © M C Gormally, publicado com a gentil permissão.

Os direitos desta edição pertencem a
É Realizações Editora, Livraria e Distribuidora Ltda.
Caixa Postal: 45321 · 04010 970 · São Paulo SP
Telefax: (11) 5572 5363
e@erealizacoes.com.br · www.erealizacoes.com.br

Editor
Edson Manoel de Oliveira Filho
Gerente Editorial
Sonnini Ruiz
Produção editorial
Liliana Cruz e William C. Cruz
Preparação de texto
Beatriz Chaves
Revisão
Cecília Madarás
Capa e projeto gráfico / diagramação
Mauricio Nisi Gonçalves / André Cavalcante Gimenez
Pré-impressão e impressão
Edições Loyola

Reservados todos os direitos desta obra.
Proibida toda e qualquer reprodução desta edição
por qualquer meio ou forma, seja ela eletrônica ou mecânica,
fotocópia, gravação ou qualquer outro meio de reprodução,
sem permissão expressa do editor.

Coleção
FILOSOFIA ATUAL

WITTGENSTEIN E OS LIMITES DA LINGUAGEM

ACRESCIDO DE UMA CARTA DE G. E. M. ANSCOMBE E DE
A LÓGICA COMO LITERATURA? OBSERVAÇÕES SOBRE O SIGNIFICADO DA FORMA LITERÁRIA EM WITTGENSTEIN, DE GOTTFRIED GABRIEL

PIERRE HADOT

TRADUÇÃO
FLAVIO FONTENELLE LOQUE
LORAINE OLIVEIRA

Realizações
Editora

Sumário

Prefácio 7

Reflexões sobre os limites da linguagem a respeito do *Tractatus Logico-Philosophicus* de Wittgenstein 21

Wittgenstein, filósofo da linguagem – I 43

Wittgenstein, filósofo da linguagem – II 61

Jogos de linguagem e filosofia 75

Carta de Elizabeth Anscombe a Pierre Hadot 93

A lógica como literatura? Observações sobre o significado da forma literária em Wittgenstein, *por Gottfried Gabriel* 97

Prefácio

Em que momento e em que ocasião encontrei Wittgenstein? Penso que foi durante o ano de 1953 ou de 1954. Eu então era pesquisador associado no CNRS (Centre National de la Recherche Scientifique) e era obrigado, além do meu trabalho pessoal com vistas à redação da minha tese de doutorado, a examinar revistas filosóficas estrangeiras para o *Bulletin Analytique* de filosofia do CNRS. Foi provavelmente lendo os dois estudos que cito adiante, p. 41, o de E. Wasmuth (1952), sobre o silêncio e a mística no *Tractatus*, e o de R. Freundlich (1953), sobre a lógica e a mística em Wittgenstein, que me entusiasmei por esse autor, o qual até então me era totalmente desconhecido. Conforme as boas tradições francesas, não se falava nada sobre esse autor, cujo *Tractatus Logico-Philosophicus*, todavia, aparecera havia quarenta anos.

Lógica e mística: eu não me interessava muito por lógica, pois nada conhecia de lógica moderna; o ensino um pouco fantasista de René Poirier na Sorbonne, que falava de tudo, menos de lógica, não me tinha servido para nada. Eu obtivera, em fevereiro de 1946, o certificado de lógica da graduação em filosofia em uma sessão especial, reservada aos refratários ao serviço obrigatório do trabalho, cujo programa comportava apenas a lógica clássica e absolutamente nada da lógica moderna. Por outro lado, sob a influência da minha juventude devota, era muito atraído pela mística, isto é, pelo que eu pensava ser a experiência de Deus, como a podemos ver descrita nas obras de São João da Cruz, por exemplo, mas também, ao acaso das minhas leituras pela mística hindu e finalmente pela mística neoplatônica, a de Plotino e dos neoplatônicos tardios, Proclo e Damáscio. O positivismo lógico que falava do que ele chamava "o místico" foi para mim um enigma fascinante. Eu buscava o texto alemão do *Tractatus*, primeiro aquele que acompanhava a tradução italiana do padre jesuíta G. C. M. Colombo, publicada em 1954, depois aquele que acompanhava a tradução inglesa, na reedição publicada em 1958. Tentava compreender a relação que podia se estabelecer entre lógica e mística. Também achava totalmente extraordinária a forma literária da obra, a sequência de aforismos, que terminava de maneira extremamente enigmática pelo famoso apelo ao silêncio: "Acerca do que não se pode falar, deve-se calar".

Não existia tradução francesa. Traduzi inteiramente o texto alemão, pois a versão inglesa por vezes me parecia inexata. Não faltavam dificuldades. Por exemplo, como distinguir e, sobretudo, compreender exatamente o que significavam *Sachverhalt* e *Sachlage* (2.11). Resignava-me a traduzir o primeiro termo por "estado de coisas" e o segundo por "situação". Teria sido auxiliado nessa escolha se naquela época tivesse podido utilizar a edição dos *Cadernos 1914-1916* de Wittgenstein, feita por Gaston Granger, e as preciosas notas nas quais ele discute o significado dessas duas palavras.[1] Para traduzir *Bild*, hesitava entre "representação" e "figura". Talvez "pintura" tivesse sido melhor? Minha tradução era apenas um rascunho. Esperava aperfeiçoá-la e poder publicá-la. Mas a publicação, pela Gallimard, em 1961, da tradução de Pierre Klossovski pôs fim a meus projetos. Pude publicar somente fragmentos da minha tradução nos quatro artigos que consagrei a Wittgenstein.

Na época, o Collège Philosophique dirigido por Jean Wahl era a tribuna desejada na qual era possível fazer parte das suas últimas descobertas. Se nos interessamos pela atmosfera desses anos de pós-guerra de 1945 a 1966, é preciso ler as páginas bastante vivazes que Marie-Anne Lescourret consagrou a essa criação muito

---

[1] L. Wittgenstein, *Carnets 1914-1916*. Intr., trad. e notas G.-G. Granger. Paris, Gallimard, 1971, p. 34, n. 1 e 2. [Em português: *Cadernos 1914-1916*. Lisboa, Ed. 70, 2004.]

"parisiense" de Jean Wahl em seu belo livro sobre Emmanuel Lévinas.[2] As conferências ocorriam toda semana às segundas, terças e quartas às 18h15. Só conheci o período em que o Collège se reunia na Rue de Rennes, 44, em frente à Igreja Saint Germain des Prés. Ali eu já tinha, creio, feito uma conferência, que interessara Jean Wahl, acerca da distinção entre o Ser e o Ente no neoplatonismo, mostrando que, bem antes de Heidegger, essa distinção aparecera na história da filosofia, todavia com significado totalmente diferente do que tem para o autor de *Sein und Zeit*. Em todo caso, Jean Wahl, que conhecia muito bem a obra de Wittgenstein, aceitou de bom grado que eu fizesse uma conferência sobre o tema: "Reflexões sobre os limites da linguagem a respeito do *Tractatus Logico-Philosophicus* de Wittgenstein", que ocorreu na quarta-feira, 29 de abril de 1959 (para dar uma ideia da extrema variedade dos temas tratados então, não seria desinteressante assinalar que, na véspera, Colette Audry falara de Jivago e Pasternak). Tenho uma lembrança muito precisa a respeito de um momento da minha conferência. Próximo ao final da minha exposição, citava as últimas páginas do *Tractatus* a partir da proposição 6.431: "Na morte, o mundo não para, mas acaba", páginas que são compostas de proposições que, para Wittgenstein, são contrassensos. Fez-se bruscamente um silêncio extraordinário: habitualmente, os ouvintes mexem os pés, tossem, se agitam ligeiramente. Mas, então, houve um momento de intensa atenção. Esqueci os detalhes da discussão que se seguiu, exceto a brincadeira divertida do próprio Jean Wahl, dizendo-me que, se tivesse feito minha conferência na Inglaterra, eu teria sido morto. Jean Wahl, que dirigia a *Revue de Métaphysique et de Morale*, aceitou publicar meu texto, que veio a lume no final de 1959.

Na sequência dessa intervenção no Collège Philosophique, Jean Piel, diretor de *Critique*, e seu amigo Éric Weil me pediram um estudo sobre o Wittgenstein do *Tractatus*, mas também, e isso era novo para mim, sobre o "segundo Wittgenstein". Esta foi a origem dos dois textos intitulados: *Wittgenstein, Philosophe du Langage*. Isso me levou a descobrir as *Investigações Filosóficas*, uma

---

[2] M.-A. Lescourret, *Emmanuel Lévinas*. Paris, Flammarion, 1994, p. 184-87: "Havia mundano e esnobe nesse Collège, consagração também, e alguns lamentavam ainda não terem sido revelados ali".

perspectiva completamente diferente do *Tractatus*. Tive muita dificuldade, mas consegui finalmente redigir os dois estudos que foram publicados no final de 1959. Enviei o primeiro à Senhora G. E. M. Anscombe, que acabara de publicar em Londres, em 1959, um pequeno livro intitulado *An Introduction to Wittgenstein's Tractatus*. Ela teve a gentileza de me responder.[3]

Meu trabalho sobre as *Investigações Filosóficas* me levou a apresentar uma segunda conferência no Collège Philosophique, intitulada "Jeux de Langage et Philosophie" [Jogos de Linguagem e Filosofia], que espantou alguns dos meus ouvintes. Lembro-me sempre de que, na saída da sessão, a Sra. Vignaux, esposa do medievalista Paul Vignaux, expressou-me sua total reprovação. Também nesse caso, a exposição foi objeto de uma publicação na *Revue de Métaphysique et de Morale*, em 1962.

A análise, que pode ser considerada revolucionária, da linguagem desenvolvida nas *Investigações Filosóficas* provocou então, devo dizer, uma reviravolta nas minhas reflexões filosóficas. Todos os tipos de novas perspectivas abriam-se também em meu trabalho de historiador da filosofia. Descobri bruscamente a ideia capital de Wittgenstein, que me parece indiscutível e de consequências imensas: a linguagem não tem como única tarefa nomear ou designar objetos ou traduzir pensamentos, e o ato de compreender uma frase está muito mais próximo do que se acredita daquilo que se chama habitualmente compreender um tema musical. Exatamente, não havia então "a" linguagem, mas "jogos de linguagem", situando-se sempre, dizia Wittgenstein, na perspectiva de uma atividade determinada, de uma situação concreta ou de uma forma de vida. Essa ideia me auxiliou a resolver o problema da incoerência aparente dos autores filosóficos da Antiguidade, que se colocava para mim e, aliás, para muitos colegas. Pareceu-me então que a principal preocupação desses autores não era informar seus leitores sobre um encadeamento de conceitos, mas formá-los: mesmo os "manuais" (como o de Epiteto) eram coletâneas de exercícios. Portanto, era necessário ressituar os discursos filosóficos em seu jogo de

---

[3] Cf. adiante, p. 93.

linguagem, na forma de vida que os havia engendrado; logo, na situação concreta pessoal ou social, na *práxis* que os condicionava ou em relação ao efeito que queriam produzir. Foi nessa ótica que comecei a falar de exercício espiritual, expressão que talvez não seja feliz, mas que me serviu para designar, em todo caso, uma atividade, quase sempre de ordem discursiva, quer seja racional ou imaginativa, visando a modificar, em si ou nos outros, a maneira de viver e de ver o mundo.

Algumas vezes se disse que fui o primeiro a falar de Wittgenstein na França. De fato, essa afirmação é muito inexata. Inicialmente, naquele mesmo ano de 1959, Stanislas Breton, em seu livro, *Situation de la Philosophie Contemporaine*, Paris-Lyon, 1959, p. 32-45, consagrou-lhe várias páginas nas quais reconhecia a importância do nosso filósofo, a tal ponto que, por ocasião de um cruzeiro no Sena, que ocorreu no Congresso Bergson, de 1960, nós projetamos unir esforços para traduzir e comentá-lo, desejo que não se realizaria por causa da aparição da tradução de P. Klossovski. Ademais, após minha primeira conferência sobre Wittgenstein, conheci A. Shalom e descobri então que ele publicara anualmente, desde 1956, artigos sobre esse autor, notadamente em 1958: "Wittgenstein, le Langage et la Philosophie", em *Les Études Philosophiques*, 13, 1958, p. 468-94. Tornamo-nos amigos e nos encontramos com bastante frequência entre os anos 1959 e 1963 para falar de Wittgenstein e de outros problemas filosóficos. Devo dizer, aliás, que foi ao longo de nossas discussões que pouco a pouco renunciei a me colocar o problema geral, e muito difícil para mim, das relações entre pensamento e linguagem. Outros trabalhos, sobretudo a redação da minha tese doutoral, me absorveram totalmente.

Todavia, durante o inverno 1965-1966, Paul Ricoeur organizou uma série de conferências sobre Wittgenstein e Husserl em seu seminário de pesquisadores. A primeira, ministrada pelo próprio Paul Ricoeur (em 14 de dezembro de 1965), tinha por tema: "A teoria da figuração em Wittgenstein e a teoria do significado em Husserl"; eu ministrei a segunda durante o mês de janeiro de 1966 com o título: "O *Caderno Azul* e o *Caderno Marrom* de Wittgenstein"; Mikel Dufrenne apresentou a terceira em fevereiro de 1966 sobre o seguinte tema: "As *Investigações Filosóficas* de Wittgenstein e *A Lógica Formal e Transcendental* de Husserl". Uma tradução do *Caderno Azul* e do *Caderno Marrom* havia sido publicada pela Gallimard em 1965, com prefácio de Jean Wahl. Lembro-me muito bem de que, estudando esses dois textos, sentia certa decepção em relação ao método do seu autor, que, para o meu gosto – mas eu certamente estava errado –, analisava de maneira muito simplista os fenômenos da linguagem, e ela se manifestou na minha exposição. Depois de me ouvir, Ricoeur perguntou-se se o *Caderno Azul* e o *Caderno Marrom* reduziam-se realmente ao que eu dissera a respeito. Porém, não me lembro mais dos detalhes da discussão que se seguiu.

Nos anos seguintes, continuei a me interessar pelo *Tractatus* e notadamente pela influência exercida sobre essa obra pelos *Princípios da Mecânica* de Heinrich Hertz, influência que me pareceu considerável. A própria estrutura do *Tractatus* me parecia análoga à da obra de Hertz. Analisei também a noção de "modelo", comum aos dois autores. Comecei a escrever um artigo sobre esse assunto, mas nunca tive tempo de concluí-lo e agora é muito tarde para retomar esse trabalho.

Desde então, não tive mais oportunidade de trabalhar com Wittgenstein. Mas fiquei extremamente interessado pelo artigo alemão de Gottfried Gabriel intitulado "A Lógica como Literatura" e, auxiliado por Marie-Dominique Richard e Chantal Collet, fiz dele uma tradução que foi publicada na revista *Le Nouveau Commerce* em 1992 e que está reproduzida no presente volume com algumas modificações. Ademais, li com muito interesse as páginas que J. Bouveresse[4] consagrou à noção de "místico" em Wittgenstein. Enfim, recentemente, em meu livro intitulado *O Véu de Ísis*, retornei ao problema da sua experiência existencial.[5]

---

[4] J. Bouveresse, *Wittgenstein, La Rime et la Raison*. Paris, Éditions de Minuit, 1973, sobretudo p. 21-72. Lamento só ter conhecido muito recentemente o admirável livro de Christiane Chauviré, *Ludwig Wittgenstein*. Paris, Le Seuil, 1989.

[5] P. Hadot, *Le Voile d'Isis*. Paris, Gallimard, 2004, p. 310-13. [Em português: *O Véu de Ísis: Ensaio sobre a História da Ideia de Natureza*. Trad. M. Sérvulo. São Paulo, Loyola, 2004.]

Por ocasião da publicação da presente obra, reli meus artigos. Corrigi em notas alguns detalhes de forma ou de fundo. A mais importante revisão a fazer se relaciona à explicação da noção de "místico" de que Wittgenstein fala. É verdade que a interpretação dessa noção fez correr muita tinta. Mas falar, a esse respeito, de êxtase, como fiz nos dois primeiros artigos, implica suscitar associações de ideias errôneas. Naquela época, a palavra "místico" evocava para mim irresistivelmente o êxtase, fenômeno muito complexo que não poderia ser empregado sem explicação. É verdade que eu o empregava no sentido lato, pois, ao longo do texto, qualificava como êxtase a experiência de Roquentin no parque de Bouville, descrita por Sartre em *A Náusea*. De fato, a palavra significava para mim, finalmente, uma emoção fortíssima, fosse de náusea, de maravilhamento ou de júbilo.

À primeira vista, a palavra "místico" em Wittgenstein se apresenta como sinônimo de "aquilo que não pode se exprimir", "aquilo que é indizível", como se vê claramente na proposição 6.522: "Em todo caso, há o indizível. Ele se mostra; é o místico". Nessa perspectiva, poder-se-ia pensar que o termo "místico" deveria se estender a todos os casos nos quais nos chocamos com os limites da linguagem, a todo uso "indicativo" da linguagem. Mas de fato, como eu pensava então e como continuo pensando, o termo "místico" tem, em Wittgenstein, um sentido mais restrito que é necessário tentar circunscrever. No que tange ao indizível, uma segunda revisão se impõe. Eu deveria, acerca da identificação entre indizível e místico, distinguir entre o inefável teológico dos neoplatônicos, o inefável da experiência mística tradicional e o inefável da experiência própria a Wittgenstein. O primeiro é o ápice da própria teologia negativa, que é um método *racional* consistindo em demonstrar que o Princípio de todas as coisas não pode ser nenhuma das coisas e só pode ser definido pela negação de todos os predicados possíveis. Esse método racional não deve ser confundido com a própria experiência "mística". Tudo o que se pode dizer a respeito dessa relação é que a teologia negativa, que demonstra a impossibilidade de pensar o Princípio, pode dar ensejo a outro modo de conhecimento, uma experiência suprarracional. Mas todas as teologias negativas possíveis nunca poderão proporcionar essa experiência. Isso aparece claramente no tratado 38 (VI, 7) de Plotino. O "inefável" do qual se fala a propósito da experiência mística tradicional (seja cristã ou neoplatônica) não se relaciona evidentemente à noção de Princípio, mas à própria experiência extática, o famoso êxtase do qual falei ilegitimamente, que é indizível.

Quando Wittgenstein identifica "indizível" e "místico", não se trata nem de teologia negativa, nem de êxtase, mas de "sentimento", e penso que para ele o "místico" é caracterizado precisamente por ser um sentimento, uma emoção, uma experiência afetiva (*Erlebnis* e não *Erfahrung*) que não se pode exprimir, porque se trata de algo estranho à descrição científica dos fatos, algo que se situa então na ordem existencial ou ética ou estética. Pode-se pensar, aliás, que, quando Wittgenstein fala de místico, ele pensa na sua própria experiência. É assim que a proposição (6.44) do *Tractatus*, "O místico não é o *como* (*wie*) do mundo, mas o *fato da existência* (*dass*) do mundo", se esclarece pela confidência da *Conferência sobre a Ética*,[6] na qual, sem empregar a palavra "místico", ele fala do que chama sua experiência por excelência: "Creio que o melhor modo de descrevê-la é dizer que, quando tenho essa experiência, *me surpreendo com a existência do mundo*". Na mesma conferência, ele fala de uma experiência que consiste em "ver o mundo como um milagre". Percebe-se, aliás, a esse respeito, que para Wittgenstein a experiência mística é totalmente análoga à experiência estética, pois se lê nos *Cadernos* (20 de outubro de 1916): "O milagre, esteticamente falando, é que haja um mundo".

Em meus artigos sobre Wittgenstein, dois dados importantes me faltaram. Por um lado, eu não tinha lido ainda o livro de G. E. M. Anscombe sobre o *Tractatus*. Mas, mesmo após tê-lo lido, ao longo do ano de 1959, cometi o erro de não prestar atenção suficiente no que ele dizia acerca da influência de Schopenhauer sobre Wittgenstein.[7] Ademais, ignorei a existência dos preciosos *Cadernos 1914-1916*, que foram traduzidos por Gilles-Gaston Granger e que esclarecem muito bem a gênese das últimas proposições do *Tractatus*. É na problemática de Schopenhauer que se situa a representação que Wittgenstein faz do místico assim

---

[6] L. Wittgenstein, *Leçons et Conversations*. Paris, Gallimard, 1992, p. 149.

[7] Uma grave lacuna da minha documentação sobre Wittgenstein.

como da estética e, em certo sentido, da ética. O que Wittgenstein diz da mística corresponde, com efeito, ao que diz Schopenhauer do conhecimento que se liberta do serviço da vontade[8] e da individualidade. Wittgenstein pensa certamente nesse tema, quando escreve na proposição 6.45: "A intuição (*Anschauung*) do mundo *sub specie aeterni* é a intuição do mundo enquanto totalidade – mas totalidade limitada. O sentimento do mundo enquanto totalidade limitada constitui o sentimento místico".[9]

Notemos, entre parênteses, o deslizamento rápido que se efetua aqui da noção de intuição àquela de sentimento. Há, primeiramente, no emprego da noção de "totalidade limitada", uma primeira lembrança do autor de *O Mundo como Vontade e Representação*, quando escreve que o sujeito e o objeto constituem, como duas metades, a totalidade do mundo, mas se limitam reciprocamente.[10] O mundo aparece como totalidade limitada quando é contemplado, situando-se no ponto de vista de um sujeito transcendental, que não é, diz Wittgenstein, nem o homem, nem o corpo humano, nem a alma humana, mas o sujeito metafísico que é o limite do mundo e não uma parte deste, um objeto que se encontraria no mundo (5.632, 5.633 e 5.641, *Cadernos*, 7 de agosto de 1916). Essa situação se realiza precisamente na intuição desinteressada do mundo, entregue ao princípio da razão suficiente, de que fala Schopenhauer.[11] Não mais se considera, diz Schopenhauer, "nem o lugar, nem o tempo, nem o porquê, nem a utilidade das coisas, mas pura e simplesmente sua natureza"; não se é mais si mesmo, mas se é apenas um "sujeito puro" (não é o sujeito metafísico de que fala Wittgenstein?), que tomba e se

---

[8] A. Schopenhauer, *Le Monde comme Volonté et comme Représentation*. Trad. A. Burdeau e R. Roos. Paris, PUF, 2003, § 3, p. 230-31. [Em português: *O Mundo como Vontade e Representação*. Trad. M. F. Sá Correia. Rio de Janeiro, Contraponto, 2001.]

[9] P. Klossovski aqui se engana ao escrever na sua tradução: "O elemento místico". O próprio Wittgenstein corrigiu neste ponto a tradução inglesa, cf. Wittgenstein, *Letters to C. K. Ogden*. Oxford, O. U. P., 1983, p. 36-37. "Mystische" é aqui um adjetivo que se relaciona com "Gefühl" (sentimento) e não um substantivo.

[10] Cf. G. E. M. Anscombe, *An Introducion to Wittgenstein's Tractatus*. Londres, Hutchinson University Library, 1959, p. 169, citando Schopenhauer, op. cit., § 2, p. 28.

[11] Schopenhauer, op. cit., § 34, p. 230-31.

perde no objeto. Schopenhauer cita, a propósito, Espinosa: "O espírito é eterno na medida em que concebe as coisas na perspectiva da eternidade (*sub specie aeternitatis*)", o que quer dizer, para Schopenhauer, que quem vê as coisas nessa perspectiva ultrapassa sua individualidade e se identifica com o sujeito eterno do conhecimento. Os *Cadernos* (7 de outubro de 1916) de Wittgenstein esclarecem um pouco o que representa para ele essa fórmula de Schopenhauer e de Espinosa. Inicialmente, ela corresponde a uma visão ao mesmo tempo estética e ética do mundo:

> A obra de arte é o objeto visto *sub specie aeternitatis*, e a vida boa é o mundo visto *sub specie aeternitatis*. Tal é a conexão entre a arte e a ética. No modo de ver comum, consideramos os objetos nos colocando entre eles, por assim dizer; no modo *sub specie aeternitatis*, consideramo-los do exterior. De tal modo que eles têm o mundo inteiro como cenário.
>
> O ponto de vista estético sobre o mundo consiste essencialmente na contemplação do mundo por um olhar feliz? (20 de outubro de 1916).

Poder-se-ia dizer que ver na perspectiva da eternidade, isto é, "ver do exterior", é de algum modo ver do alto, em total desinteresse[12] em relação à utilidade prática, ou, ainda, ver na perspectiva de um eterno presente. Pois, diz Wittgenstein (6.4311), seguindo Schopenhauer,[13] não se deve entender a eternidade como uma duração temporal infinita, mas como atemporalidade: "Vive eternamente quem vive no presente". Para Wittgenstein, como para Schopenhauer, a contemplação desinteressada do mundo que traz a salvação tem, portanto, uma dupla dimensão ética e estética.[14]

Nessa perspectiva, podem-se compreender melhor as intenções profundas do *Tractatus*, como nos convida a fazê-lo uma anotação dos *Cadernos*, que data de 25 de maio de 1915: "A tendência para o Místico vem do fato de que a ciência deixa nossos desejos

---

[12] J. Bouveresse, op. cit., p. 104.

[13] Schopenhauer, op. cit., p. 365, n. 1.

[14] Sobre a relação entre a arte e a contemplação desinteressada, cf. Schopenhauer, op. cit., § 37, p. 251.

insatisfeitos. Sentimos que, mesmo quando todas as questões científicas são resolvidas, nosso problema ainda não foi abordado".

A ideia foi retomada na proposição 6.52 do *Tractatus*, onde, sem dúvida, a palavra "místico" não aparece, mas onde se encontra a impossibilidade de a ciência resolver nossos problemas de vida. Aliás, quando Wittgenstein diz, na proposição 6.371: "Na base de toda maneira moderna de se representar o mundo, encontra-se a ilusão de que as pretensas leis da natureza são explicações dos fenômenos naturais", vê-se bem que ele escreve seu livro para denunciar a miragem do cientificismo. É certamente nessa perspectiva que se deve compreender a famosa carta de Wittgenstein a Ludwig von Ficker,[15] datada de 1919, na qual ele diz que o sentido do seu livro é ético, mas que a ética é a sua parte não escrita. A bem dizer, uma boa parte do livro fala de ética e, como observou Bertrand Russell no seu prefácio, ainda que Wittgenstein situe a ética na região do inexprimível e do místico, ele encontrou não somente a maneira de dizer muitas coisas sobre esse tema, mas até mesmo de fazer compreender suas opiniões éticas. O problema da compreensão dos "contrassensos", que põe em jogo toda exegese do *Tractatus*, me parece demasiado complexo para que eu possa aqui tratar dele sem um longo estudo. Diria somente que se Wittgenstein não duvida de que possamos compreender (6.54) as proposições que o *Tractatus* enuncia acerca da lógica e da ética, embora desprovidas de sentido, pois não correspondem a relações entre objetos determinados contidos no mundo, é porque já entrevê o que exporá nas suas *Investigações Filosóficas*, a saber, que a linguagem não tem por única função designar objetos ou traduzir pensamentos e que o ato de compreender uma frase está muito mais próximo do que se pensa daquilo que habitualmente se chama compreender um tema musical. As proposições éticas do *Tractatus*, como o próprio Wittgenstein diz, mostram um indizível, isto é, os limites do nosso mundo e da nossa linguagem, limites esses que são, por exemplo, o Eu (5.632, 5.633 e 5.641), a totalidade do mundo, o fato do mundo, a morte (6.431, 6.432). Tudo isso é da

---

[15] Wittgenstein, *Briefe an Ludwig von Ficker*. Ed. G. H. Von Wright. Innsbruck, Brenner Studien 1, 1969, p. 35.

ordem do transcendental ou do transcendente[16] (Wittgenstein às vezes confunde os dois termos), no sentido de Kant e de Schopenhauer, por oposição aos objetos determinados que estão no mundo. Essa intuição está, como dissemos, estritamente ligada ao sentimento. Aliás, é interessante constatar que, na *Conferência sobre Ética*,[17] paralelamente ao sentimento de espanto diante da existência do mundo, que, diz ele, é sua experiência por excelência, ele também faz alusão a outra experiência, a do sentimento de segurança absoluta, que lhe é igualmente familiar; ela pode se exprimir assim (mas ele nota bem que essa expressão é logicamente um contrassenso): "Tenho a consciência tranquila, nada pode me atingir, aconteça o que acontecer", fórmula que tem uma tonalidade estoica, na medida em que quem admite não haver outro mal além do mal moral sabe também que, se quiser, nenhum mal pode acometê-lo. Esses dois sentimentos, essas duas experiências, de espanto e de segurança, que não podem ser expressas de maneira adequada, porque são experiências afetivas, estão profundamente ligadas, na medida em que todas as duas supõem uma disposição de desinteresse e de indiferença[18] concernente aos objetos determinados do mundo. Se Wittgenstein insiste tanto sobre os limites da linguagem, é porque, finalmente, quer deixar entrever um estado de sabedoria silenciosa que seria alcançado por quem ultrapassasse as proposições do *Tractatus*. Todo o discurso do livro teria sido rejeitado como uma escada que se tornou inútil, destruindo a si próprio após ter preenchido sua função terapêutica (como o discurso filosófico dos céticos da Antiguidade, que eles consideravam como simples purgativo eliminado com os maus humores), para dar lugar ao silêncio de uma vida de sabedoria na qual o problema da vida será resolvido por sua própria desaparição. "É preciso que ele supere essas proposições", diz Wittgenstein (6.54), "então ele vê o mundo corretamente" (não seria uma lembrança da contemplação do mundo, tirada do princípio da razão suficiente, do qual falava Schopenhauer?).

---

[16] Sobre o caráter transcendental da lógica, da ética e da estética, cf. Ch. Chauviré, op. cit., p. 68-69.

[17] Wittgenstein, *Leçons et Conversations*, op. cit., p. 149.

[18] J. Bouveresse, op. cit., p. 55 e 104; Ch. Chauviré, op. cit., p. 69.

Pessoalmente, duvido que o ideal de uma vida de sabedoria silenciosa seja realizável. A vida do próprio Wittgenstein mostra que não pôde ater-se a ele. Antes, teria tendência a pensar, como eu disse alhures,[19] que não é necessário opor uma filosofia concebida como puro discurso e uma sabedoria que seria um modo de vida silencioso. Pois a sabedoria não é um estado que poria fim à filosofia, mas um ideal inacessível que motiva a busca sem fim do filósofo. A filosofia, então, porque ela é um esforço em direção à sabedoria, deve ser, ao mesmo tempo e indissoluvelmente, discurso crítico e exercício de transformação de si mesmo.

Devo expressar aqui todo meu reconhecimento à minha cara colega e amiga Sandra Laugier, que teve a gentileza de me aconselhar a retomar em um volume meus artigos sobre Wittgenstein e de me auxiliar nesse projeto, à Sra. Arnaud, que aceitou esta publicação, à Sra. Dra. M.-C. Gormally, que me autorizou tão gentilmente a reproduzir a carta que a senhora G. E. M. Anscombe me enviou a respeito de um dos meus artigos, a Aurore Dumont, que traduziu essa carta, e à Sra. Simina Noica, por seu precioso auxílio na preparação desta edição.

---

[19] P. Hadot, *Qu'Est-ce que la Philosophie Antique?* Paris, Gallimard, 1995, p. 19. [Em português: *O Que É a Filosofia Antiga?* Trad. Dion D. Macedo. São Paulo, Loyola, 1999.]

REFLEXÕES SOBRE OS LIMITES DA LINGUAGEM A RESPEITO DO *TRACTATUS LOGICO-PHILOSOPHICUS* DE WITTGENSTEIN[1]

Fui pessoalmente levado a refletir sobre os limites da linguagem por meus estudos sobre o misticismo neoplatônico. É conhecida a importância desempenhada nesse misticismo pela teologia negativa: Deus é anterior a todos os nomes; para alcançá-lo, é preciso renunciar ao discurso; só se pode tocá-lo obscuramente no seio da experiência mística. O teórico mais radical dessa teologia negativa não é Plotino – que se permite afirmações acerca do inefável –, mas Damáscio. Para Damáscio, o Um, no qual Plotino para, é ainda algo que podemos apreender graças à unidade que está em nós.[2] Mas, além do Um, há o princípio absolutamente primeiro do Um e do Todo. Esse princípio é absolutamente inefável e inconcebível. E Damáscio vê muito claramente todas as consequências dessas negações. Resumamos as consequências: dizer que o Princípio é incognoscível e inconcebível não é, de maneira alguma, nomear o Princípio, é simplesmente reconhecer que há limites insuperáveis para a linguagem humana: "Ao dizer que é incognoscível, diz Damáscio, nós nada afirmamos dele;

---

[1] Publicado na *Revue de Métaphysique et de Morale*, 63, 1959, p. 469-84.
[2] Damascius, *Dubit. et Solut.* Ed. Ruelle. Paris, 1889, n. 4, t. I, p. 6, 17; trad. fr. Chaignet. Paris, 1898, p. 11.

constatamos o estado do nosso espírito em relação a ele".³ Melhor ainda: "O que nós demonstramos é nossa ignorância em relação a ele, é nossa incapacidade de falar sobre ele, nossa *afasia*".⁴ O discurso racional nos conduziu a conceber um princípio de tudo que é e de tudo que é nomeado; mas esse mesmo discurso racional descobre que a noção de princípio primeiro não significa para nós nada além de um limite insuperável imposto ao discurso.

Levada a esse ponto, a teologia negativa conduz a um inevitável: "Qual o sentido?". Perfeitamente lúcido, Damáscio exprime-o assim: "Como esse princípio pode ser dito incognoscível? Pois, se isso é verdade, como escrevemos aqui todas essas coisas sobre ele e em tão bela ordem? Não são pura logomaquia essas conversas sobre coisas que não conhecemos"?[5] E um pouco mais adiante: "Qual será então o fim desses discursos, senão o silêncio completo, a admissão de que não conhecemos nada dessas coisas que não nos é permitido conhecer, porque nos é impossível conhecê-las"?[6]

Ou podemos falar do Princípio: mas então ele não é mais o Princípio; ou não podemos absolutamente falar dele: então o Princípio não é nada para nós.

Com o espírito ocupado por esses problemas, encontrei a obra de Wittgenstein intitulada *Tractatus Logico-Philosophicus*. Fiquei surpreso com as últimas proposições[7] do livro, extraordinário sob todos os pontos de vista:

> Os limites da minha linguagem significam os limites do meu universo (5.6).
> O sujeito não pertence ao mundo, ele é um limite do mundo (5.632).
> Há sem dúvida alguma um inexprimível; ele se mostra; isso é o místico (6.522).

---

[3] Damascius, *Dubit. et Solut.*, n. 6, t. I, Ruelle, p. 10, 5; Chaignet, p. 17.
[4] Ibidem, n. 7, t. I, Ruelle, p. 11, 19; Chaignet, p. 28.
[5] Ibidem, n. 6, t. I, Ruelle, p. 9, 12; Chaignet, p. 16.
[6] Ibidem, n. 7, t. I, Ruelle, p. 15, 23; Chaignet, p. 27.
[7] As proposições do livro de Wittgenstein receberam uma numeração decimal; assinalarei essa numeração entre parênteses no texto, após a citação de cada proposição. As citações foram traduzidas por mim do texto alemão.

Não é o como do mundo que é "o místico", mas é o fato que ele seja (6.44).

O sentimento do mundo como um todo determinado, isso é o sentimento místico (6.45).

O livro de Wittgenstein não respondeu a todas as minhas questões, mas me ajudou a refletir. É somente nele e não em toda obra de Wittgenstein que vou me deter aqui, pela simples razão de que o misticismo expresso nesse livro foi o que me interessou especialmente e porque esse misticismo desaparece ou se transforma na obra mais recente de Wittgenstein.

Certamente hei de ser perdoado por fazer aqui uma brevíssima apresentação do autor. Nascido em Viena, em 1889, filho de um grande industrial, Wittgenstein volta-se primeiro para os estudos técnicos, pensa em tornar-se engenheiro, mas pouco a pouco se interessa pelas matemáticas por si mesmas, interroga-se sobre os fundamentos das matemáticas. Parte então para Cambridge, onde Russell e Whitehead estão publicando seus *Principia Mathematica* (1910-1913). Segue os cursos de Russell, é por ele profundamente influenciado e começa a trabalhar no que em breve será o *Tractatus Logico-Philosophicus*. A guerra de 1914 o chama à Áustria. Ele vai para a guerra no *front* russo, depois no *front* italiano, onde é feito prisioneiro, em 1918. Preso em Cassino, dá o último toque no *Tractatus*, cujo manuscrito ele conseguiu salvar ao longo das vicissitudes da guerra. A obra aparecerá em alemão, em 1921, na revista *Annalen der Naturphilosophie*, depois será publicada à parte, na Inglaterra, com uma tradução inglesa e a introdução de Bertrand Russell.

Parece-me que Wittgenstein quis então pôr em prática as conclusões do *Tractatus*, isto é, a renúncia à filosofia em proveito da vida e da mística. Por um lado, Wittgenstein pensava, com este livro, pôr um ponto final na infeliz odisseia da filosofia: "Parece-me que a verdade dos pensamentos comunicados na presente obra é inatacável e definitiva. Penso então ter, no essencial, resolvido definitivamente os problemas. E, se eu não me engano, o valor deste trabalho consiste, em segundo lugar, em mostrar como se fez pouca coisa quando se resolveram esses problemas" (Prefácio).

A solução definitiva dos problemas filosóficos consistia, para Wittgenstein, em mostrar que eles provêm de uma incompreensão da lógica de nossa linguagem. Mas, por outro lado, o terreno abandonado definitivamente pela filosofia podia ser ocupado livremente pela "vida" e a mística:

> Sentimos que, mesmo que todas as questões científicas possíveis tivessem recebido uma resposta, nossos problemas de vida não teriam ainda sido abordados. Mas então, na verdade, não haveria mais questão; e é justamente esta a resposta (6.52).
>
> A solução do problema da vida? Nós a reconhecemos no fato de que o problema se dissipou (6.521).
>
> É a razão pela qual os homens, para quem o sentido da vida torna-se claro, após dúvidas prolongadas, não podem dizer em que consiste esse sentido (6.521).

Ele viverá uma dezena de anos no silêncio filosófico. A guerra lhe revelou a miséria. Ele quer se voltar para o povo. Torna-se professor, ensina em várias cidades austríacas. Todavia, sua obra começa a influenciar o Círculo de Viena: Schlick, Waismann, Carnap, Neurath que, aceitando as posições lógicas essenciais do livro, rejeitam dele o seu misticismo e sua criptometafísica. Ele próprio se recusa a assistir as reuniões.

Durante esse período, revelando-se excelente arquiteto, dirige os trabalhos de construção da casa da irmã, em Viena. Em 1929, porém, sua decisão de voltar para Cambridge marca o nascimento do segundo Wittgenstein, o retorno à filosofia, o desligamento da posição adotada no *Tractatus*. A partir de 1930, ele começa a dar cursos em Cambridge que se tornarão cada vez mais célebres. Em 1939, sucederá a Moore. Ele compõe então, sem publicá-los, o *Blue Book*, o *Brown Book*, as *Foundations of Mathematics*. Digamos de passagem que, em 1935, vai a Moscou, retornando, aliás, bastante decepcionado. Durante a guerra de 1939-1944, ele se engaja como ajudante em um hospital em Londres. Retoma seu ensino em Cambridge após a guerra, compõe então os *Philosophische Untersuchungen*, mas, em 1948, é acometido por um câncer e morre em 1951. A influência do seu ensino e dos seus últimos livros foi considerável na Inglaterra e na América do Norte. Toda a corrente filosófica que se define como análise da linguagem se refere a ele. Mas, como já disse, não é do segundo Wittgenstein que quero falar no presente artigo.

Qual foi o objetivo de Wittgenstein, quando compôs seu *Tractatus*?[8] B. Russell, na sua Introdução ao *Tractatus*, diz que Wittgenstein quis determinar em quais condições uma linguagem pode ser logicamente perfeita. Algumas fórmulas da obra parecem lhe dar razão: Wittgenstein diz, por exemplo, que, para evitar as confusões que ocupam toda a filosofia (3.324), "seria necessário utilizar um simbolismo que obedecesse às leis da gramática lógica, da sintaxe lógica" (3.325), isto é, na qual cada signo possa ter apenas um significado. Mas, por outro lado, Wittgenstein diz que "todas as proposições da nossa linguagem cotidiana estão, assim como estão, perfeitamente em ordem, do ponto de vista da lógica" (5.5563). Será então necessário especificar da seguinte maneira a questão que Wittgenstein propõe: sob quais condições a linguagem pode ser utilizada de modo a apresentar um sentido definido?

Pois, se a linguagem "logicamente perfeita" (na medida do possível) e mesmo a linguagem cotidiana representam uma utilização legítima da linguagem, uma utilização da linguagem na qual a linguagem tem um sentido, a linguagem filosófica, em oposição, é um mau uso da linguagem que acaba por engendrar pseudoproblemas. Wittgenstein quer então também mostrar por que a linguagem filosófica está contaminada por esse vício radical e, assim, curar o pensamento humano desse mal inveterado:

> Meu livro, diz Wittgenstein, trata dos problemas filosóficos e mostra – me parece – que a formulação dos problemas filosóficos repousa sobre uma má compreensão da lógica de nossa

---

[8] Edições do *Tractatus*: texto alemão e tradução inglesa, *Tractatus Logico-Philosophicus* by Ludwig Wittgenstein with an introduction by B. Russell. Londres, International Library of Psychology, Philosophy and Scientific Method, 1958 (com índice); texto alemão e tradução italiana, Ludwig Wittgenstein, *Tractatus Logico-Philosophicus*. Testo originale, versione italiana a fronte, introduzione critica e note a cura di G. C. M. Colombo, S. J. Roma, Fratelli Bocca, 1954. Essa edição italiana contém igualmente uma bibliografia sobre Wittgenstein e um estudo de M. Dummett sobre a lógica do *Tractatus*. [Em português: *Tractatus Logico-Philosophicus*. 3. ed. Trad. L. H. Lopes dos Santos. São Paulo, Edusp, 2008.]

linguagem. Poder-se-ia resumir todo o sentido do livro dizendo: "O que se pode dizer pode-se dizer claramente; e, acerca do que não se pode falar, deve-se calar". O presente livro pretende então traçar um limite para o pensamento ou, antes, não para o pensamento, mas para a expressão de nossos pensamentos. Pois, para traçar um limite para o pensamento, deveríamos poder pensar os dois lados do limite (deveríamos então poder pensar o que não pode se pensar). A fronteira só poderá então ser traçada na linguagem e o que se encontra além dessa fronteira será pura e simplesmente contrassenso (Prefácio).

Poder-se-ia pensar que Wittgenstein fixa os limites da linguagem a partir de um postulado empírico e positivista: uma proposição só tem sentido quando se relaciona a um fato de ordem física. É verdade que este é o aspecto mais óbvio da doutrina de Wittgenstein. Mas veremos que, partindo desse postulado, o autor do *Tractatus* chega finalmente a fixar os limites da linguagem a partir de um princípio mais fundamental.

Aqui, a noção central é a da *forma lógica*. Ela supõe uma concepção bastante simples – talvez simplista – do funcionamento do seu pensamento. Representamos para nós mesmos a realidade pelo pensamento, isto é, formamos uma imagem dela, uma figura. Para que a imagem possa representar seu modelo, é necessário que ela tenha com o modelo uma mesma estrutura.[9] Para que o pensamento possa representar a realidade, é preciso que as proposições pelas quais queremos representar a realidade sejam da mesma estrutura que a realidade, quer dizer, que os elementos que compõem a proposição estejam juntos numa mesma relação na qual se encontram os elementos da realidade (2.15). Essa identidade de estrutura é o que Wittgenstein chama de forma lógica (2.2 e seg.). Uma imagem pode representar verdadeira ou inexatamente. Se ela representa algo, ela tem um sentido possível. Se não representa nada, não tem sentido. E ela só pode representar se existe uma certa forma comum entre ela e a realidade

---

[9] Submetida à análise, essa noção de similaridade de estrutura se revela muito ambígua. Sobre o caráter puramente lógico (e tautológico) dessa noção, cf. H. J. McLendonn, "Uses of Similarity of Structure in Contemporary Philosophy", *Mind* 64, n. 253, jan. 1955, p. 79-95.

representada. Do mesmo modo, a proposição só tem sentido se ela tem uma certa forma comum com a realidade, se tem uma forma lógica (4.01 e seg.). Uma forma lógica corresponde a um fato possível; um fato só é possível se tem a forma de um fato real; não há fatos reais verificáveis que não sejam os fatos de ordem física. Uma proposição só terá sentido se tiver uma estrutura parecida com a de um "fato atômico";[10] ela terá então uma forma lógica, pois a forma lógica corresponde à possibilidade de uma relação entre objetos, à possibilidade de um fato.

Desse ponto de vista, as proposições filosóficas são contrassensos:

> A maior parte das proposições ou das questões que foram escritas em matéria de filosofia não são falsas, mas contrassensos. Não podemos absolutamente responder a questões desse gênero, podemos somente estabelecer o fato de que são contrassensos. A maior parte das proposições e das questões da filosofia assentam-se nisto: não compreendemos a lógica da nossa linguagem. (São questões do tipo: o Bem é mais ou menos idêntico ao Belo?) Nada há de surpreendente nos mais profundos problemas não serem propriamente problemas (4.003).

As proposições filosóficas são desprovidas de forma lógica, porque comportam elementos cujo significado exato não pode ser determinado, porque não têm, pois, a estrutura de um fato possível.

Mas, a bem dizer, as proposições do próprio *Tractatus Logico-Philosophicus* caem sob a mesma reprovação. Com efeito, elas não se reportam a "fatos atômicos", mas definem noções como as de forma lógica, proposição, sentido ou verdade; a primeira proposição do *Tratado* define o mundo como o conjunto dos acontecimentos ou das ocasiões ou ainda como a totalidade dos fatos. E segue-se toda uma série de proposições concernentes aos fatos, aos estados de coisas, aos objetos, etc. O próprio Wittgenstein nos previne, ao final do *Tratado*: "Minhas

---

[10] "Fato atômico": no texto alemão do *Tractatus*, a palavra correspondente é *Sachverhalt*; o tradutor inglês introduziu a expressão *atomic fact*, que foi aceita por Wittgenstein. A bem dizer – e teremos que rever isso –, a proposição pode ter uma estrutura semelhante ao "fato atômico" (isto é, uma ligação entre objetos, cf. 2.01), pois o próprio "fato atômico" é concebido segundo o modelo da proposição. [Na tradução de L. H. Lopes dos Santos, *Sachverhalt* é "estado de coisas" – N. T.]

proposições são clarificadoras na medida em que quem me compreende as reconhece, ao final, como contrassensos, quando saltou por meio delas – sobre elas –, para além delas" (6.54).

Muito se reprovou no *Tractatus* essa autocontradição. Carnap fala das proposições do *Tratado* como de uma série de explicações mais ou menos vagas que o leitor deve reconhecer, ao final, como pseudoproposições e abandonar. Colombo, tradutor italiano do *Tractatus*, observa que, se essas proposições são contrassensos, deve-se perguntar como podemos compreendê-las.

Pode-se buscar uma saída utilizando uma distinção importante em Wittgenstein: a distinção entre *dizer* e *mostrar*, isto é, representar um fato objetivo e manifestar algo irrepresentável. Essa distinção é introduzida por Wittgenstein a respeito da forma lógica e ela nos fará compreender ainda melhor por que as proposições da filosofia, e as do *Tractatus*, são o que Wittgenstein chama de contrassensos.

> A proposição pode representar toda a realidade, mas não pode representar o que ela deve ter em comum com a realidade para poder representar essa realidade – quero dizer: a forma lógica. Para poder representar a forma lógica, deveríamos poder nos colocar com nossa proposição fora da lógica, isto é, fora do mundo (4.12).

Como explica Colombo,[11] a forma lógica não é nem um fato, nem um objeto, ela não pode então ser expressa por uma proposição ou um nome; ela é somente um modo de relação e só pode se mostrar na maneira pela qual a proposição é articulada. Por outro lado, a identidade de forma lógica entre proposição e fato é pressuposta por toda proposição: para exprimi-la, seria necessário ainda pressupô-la. "A proposição não pode representar a forma lógica; mas a forma lógica se reflete nela. O que se reflete na linguagem, a linguagem não pode exprimir" (4.121).

Wittgenstein reconhece que este é seu pensamento fundamental: "Meu pensamento fundamental é que as constantes lógicas não representam nada. Isto é, que a lógica dos fatos não pode ser representada" (4.0312). Wittgenstein quer dizer que o signo: "e"

---

[11] Op. cit., p. 107.

ou "implica" não representam uma realidade do mundo objetivo, não têm nenhum conteúdo representativo.[12] A lógica dos fatos se mostra na proposição, mas não é representada por ela.

Ora, diz Wittgenstein, o que pode ser mostrado não pode ser dito (4.1212). Dito de outro modo, as proposições *dizem* e têm então um sentido, quando representam um fato; mas, dizendo, elas *mostram* sua forma lógica, isto é, sua identidade de estrutura com a realidade; assim finalmente, como diz Russell, é a expressividade da linguagem que é inexprimível.[13] "O que se exprime na linguagem, nós não podemos exprimir pela linguagem" (4.121).

Essa afirmação é capital. Ela nos revela que a verdadeira resposta de Wittgenstein à sua questão inicial – até que limite a linguagem pode ter um sentido? – é de fato a seguinte resposta: a linguagem deixa de ter um sentido, isto é, deixa de ser representativa, deixa de *dizer*, quando quer exprimir a si mesma como linguagem; a linguagem não pode dizer a si mesma.

Assim a linguagem é, de algum modo, para si mesma, seu próprio limite. E é com esse próprio limite que a linguagem filosófica se choca. Mas, ao mesmo tempo, ocorre que o que não pode se dizer pode, em certa medida, ser mostrado.

Não é então somente o empirismo que conduz Wittgenstein a considerar as proposições filosóficas como contrassensos; é, sobretudo, sua intuição fundamental do caráter insuperável da linguagem: não podemos sair da linguagem para comparar a forma lógica da linguagem com a estrutura do real.

---

[12] É o lugar de notar o quanto o pensamento lógico de Wittgenstein, como o de outros lógicos contemporâneos, lembra a lógica estoica. Não se trata somente do fato de que a lógica estoica já é uma lógica proposicional (cf. A. Virieux-Reymond, *La Logique et l'Épistémologie des Stoïciens*. Chambéry, s. d.). É a doutrina estoica do significado que frequentemente pode ajudar a compreender a lógica moderna, cf. J. M. Bochenski, *Formale Logik*. Fribourg-Monich, 1956, p. 336 (39.01) e p. 127 (19.06). "Só os acontecimentos podem ser objetos do discurso (*lecta*)" [É. Bréhier, *Chrysippe*, Paris, 1951, p. 70]. As partículas de ligação não têm significado.

[13] Russell, *Introduction* (ed. do *Tractatus*, Londres, 1958), p. 21: "Everything, therefore, which is involved in the very idea of the expressiveness of language must remain incapable of being expressed in language, and is, therefore, inexpressible in a perfectly precise sense" [Tudo, portanto, que está envolvido na própria ideia de expressividade da linguagem tem de permanecer incapaz de ser expresso na linguagem e é, portanto, inexprimível num sentido perfeitamente preciso. (N. T.)].

Para nós, o mundo coincide com a linguagem: não podemos separar um do outro; nós nos chocamos aqui com uma estrutura insuperável.

Mostrando-nos, sem poder representá-lo, que o que torna possível o sentido da proposição não poder ser dito ou representado, mas pode somente ser mostrado, Wittgenstein nos *mostra* também, sem poder representá-lo, que, finalmente, é a própria *linguagem* que é aquilo em que se constitui o sentido. Encontramos aqui o ponto de vista alcançado por Eric Weil na sua *Lógica da Filosofia*, ao termo final da tomada de consciência da filosofia por si mesma: "Não há *a* linguagem: todo 'há' para o homem nasce na linguagem. Só há *linguagem*, esta ou aquela, e a passagem de uma a outra se faz na realidade da vida: não se pode saltar na linguagem para chegar, como por um ato mágico, ao universal ou à presença; seria mais fácil saltar por cima da própria sombra".[14]

Não pode haver melhor maneira de dizer que não podemos sair dos limites da linguagem.

A bem da verdade, pode-se fazer uma objeção a Wittgenstein. Toda a sua doutrina da insuperabilidade da linguagem (e o que se segue: distinção entre dizer e mostrar, afirmação de uma esfera do místico, etc., consequências que teremos de examinar) apoia-se finalmente na ideia de que a estrutura própria à linguagem é inexprimível na linguagem, que a forma lógica não pode ser representada. Na sua *Introdução* ao *Tractatus*, B. Russell[15] indica a via na qual os positivistas posteriores a Wittgenstein se engajarão e que consiste em construir metalinguagens: "Toda linguagem teria uma estrutura a respeito da qual nada pode ser dito na linguagem em questão, mas poderia haver outra linguagem tratando da estrutura da primeira linguagem e tendo ela própria uma nova estrutura; uma tal hierarquia de linguagens não poderia ter limite algum". Russell responde, aliás, à objeção no lugar de Wittgenstein:

---

[14] Eric Weil, *Logique de la Philosophie*. Paris, J. Vrin, 1996, p. 420. [Em português: *Lógica da Filosofia*. Trad. Lara Christina de Malimpensa. São Paulo, É Realizações, 2012.]

[15] B. Russell, *Introduction*, p. 23.

Wittgenstein replicaria naturalmente que toda sua teoria é aplicável sem mudança à totalidade de tais linguagens. A única réplica a fazer então a Wittgenstein seria recusar que existe tal totalidade. As totalidades, a respeito das quais Wittgenstein sustenta que é impossível falar logicamente, são, todavia, concebidas por ele como existentes e são objeto de sua mística. A totalidade que resultaria de nossa hierarquia não seria mais somente inexprimível logicamente, mas seria uma ficção, uma pura ilusão e, dessa maneira, a pretensa esfera do místico seria destruída.

Prudentemente, porém, Russell conclui: "Tal hipótese é muito difícil e eu vejo bem as muitas objeções às quais, no momento, não sei como responder". É interessante ver como a posição de Wittgenstein obriga seus adversários a imaginar uma série infinita, e impossível de realizar, de metalinguagens. Mas afastar assim o problema não é resolvê-lo e poderíamos dizer, por sua vez, que não há problema a resolver. Toda proposição de uma linguagem ou de uma metalinguagem que quer exprimir diretamente a forma lógica é um contrassenso, porque não se pode exprimir o irrepresentável. A superposição indefinida de suas metalinguagens trai justamente a impossibilidade em questão.

É porque Wittgenstein descobre a linguagem como fato fundamental da filosofia e porque reconhece também que a linguagem é para si mesma seu próprio limite (que ela não pode se exprimir enquanto linguagem) que Wittgenstein não hesita em declarar que a filosofia e seu próprio tratado são constituídos de proposições que são contrassensos.

Esse é o ponto mais difícil, mas também o mais interessante, da posição de Wittgenstein. Mais exatamente, é sua infidelidade ao próprio método que deve nos fazer refletir.

> O verdadeiro método da filosofia, diz Wittgenstein, seria propriamente este: só dizer o que pode se dizer, logo, somente as proposições científicas – coisa, portanto, que não concerne à filosofia – e, a seguir, cada vez que alguém quiser dizer algo de metafísico, demonstrar a ele que, nas suas proposições, alguns

signos não têm significado. O método não daria uma impressão de satisfação ao outro – ele não teria o sentimento que nós lhe ensinamos filosofia –, mas este bem seria o único método correto (6.53).

Tratar-se-ia então de um método puramente negativo, demonstrando que as proposições filosóficas são pseudoproposições. Temos outro enunciado do mesmo método: "O objetivo da filosofia é a clarificação dos pensamentos. A filosofia não é um ensino, mas uma atividade. Uma obra filosófica consiste então essencialmente em 'elucidações'. O resultado da filosofia não são as 'proposições filosóficas', mas a clarificação das proposições. A filosofia deve tornar claros e delimitar com precisão os pensamentos que de outro modo seriam turvos e confusos" (4.112).

Com um método assim, o próprio Wittgenstein não se teria permitido enunciar pseudoproposições. Mas se Wittgenstein foi infiel a esse método, se ele se permitiu enunciar proposições, que finalmente são contrassensos para ele, é que de fato, implicitamente, ele admite que a linguagem não se reduz às proposições que possuem uma forma lógica (isto é, um sentido possível): dito de outro modo, a linguagem, para ele, não se limita a dizer o representável.

Pode-se distinguir, parece-me, segundo a prática de Wittgenstein, quatro usos possíveis da linguagem. 1) O uso que se poderia chamar *representativo* ou "com sentido": trata-se de proposições que têm uma forma lógica, isto é, um sentido possível, porque são formadas por signos que têm todos um significado: sua estrutura pode corresponder àquela do fato que elas representam. 2) O uso que se poderia chamar *tautológico* ou analítico ou desprovido de um conteúdo de sentido: trata-se das próprias proposições lógicas (6.1). "As proposições da lógica não dizem nada. Elas são proposições analíticas" (6.11). Elas estão privadas de todo conteúdo de conhecimento. Não são contrassensos, são proposições, mas como o zero faz parte do simbolismo matemático. O signo da tautologia consiste para Wittgenstein em que se possa reconhecer a verdade ou a falsidade da proposição somente com a inspeção do seu símbolo (6.113). 3) O uso que se poderia chamar *constrassensual*[16] que engendra pseudoproposições: a maioria das proposições filosóficas peca contra as leis da gramática e da sintaxe lógica; elas contêm signos que não têm significado; elas então não têm forma lógica, nem sentido. 4) O uso que se poderia chamar *indicativo*.[17] Este uso é legítimo para Wittgenstein. Ele consiste inicialmente no fato que várias proposições mostram, ao mesmo tempo, algo que não pode se exprimir. É assim que toda proposição que tem uma forma lógica não a representa; mas essa forma se reflete nela (4.121). É assim que a forma lógica da realidade se mostra em toda proposição (4.121), se mostra nas proposições lógicas que tornam manifesta "a arquitetura lógica do mundo" (6.124), logo, nas tautologias (6.22). Assim, os dois primeiros usos da linguagem distinguidos acima admitem esse tipo de função marginal. Em tudo isso, o que *se mostra* e não pode se exprimir é justamente o fato de que a linguagem diz algo, a linguagem exprime algo, ela tem um sentido. Portanto, o uso indicativo da linguagem se relaciona à linguagem enquanto linguagem, enquanto *diz* algo. Somos, porém, obrigados a admitir que, para exprimir tudo isso, Wittgenstein constrói proposições que não têm sentido, segundo a acepção que ele dá a esse termo, que não são tampouco tautologias, mas que *mostram*, contudo, que *visam* talvez, a linguagem nisso que ela tem de insuperável. Somos obrigados a admitir a necessidade de uma linguagem logicamente incorreta, somos obrigados a utilizar a linguagem de maneira não representativa. Há todo um domínio no qual, por sua própria inexatidão, a linguagem mostra o que ela não pode exprimir. O que conta então não é o que ela nos diz, é o que ela nos permite visar.

Exploremos, pois, esse domínio da linguagem incorreta – logo desprovida de sentido para a lógica –, mas que nos mostra o inexprimível. Há inicialmente esta afirmação com a qual Wittgenstein abre seu tratado (1, 2.225). "O mundo é *alles was der Fall ist*: é o conjunto das ocasiões, dos acontecimentos." Digamos desde já que há um paralelismo total entre o mundo assim apresentado e a

---

[16] [Seguindo os conselhos de Sandra Laugier, substituí aqui *contrassenso* por *absurdo*, que havia adotado na primeira versão deste artigo, mas que não correspondia ao pensamento de Wittgenstein].

[17] Este adjetivo corresponde ao verbo *zeigen*.

linguagem: o mundo é um conjunto de fatos particulares, como a linguagem é um conjunto de proposições elementares; os fatos indecomponíveis em fatos, os "fatos atômicos", correspondem a relações entre objetos ou unidades simples. Assim como os fatos complexos se decompõem em fatos indecomponíveis, também as proposições da linguagem se resolvem em proposições elementares que estabelecem relações entre os nomes. O paralelismo estreito entre mundo e lógica trai a ideia de insuperabilidade da linguagem. Não podemos exprimir o real de outro modo que não seja a partir do modelo da nossa linguagem.

Há a seguir proposições relativas ao solipsismo que são somente uma nova expressão da mesma intuição: a simples leitura destas proposições bastará para nos persuadir disso.

Os limites da minha linguagem significam os limites do meu mundo (5.6).

A lógica preenche o mundo; os limites do mundo são então seus limites. Por isso não se pode dizer em lógica: há isto e isto no universo, mas não aquilo. Isso poderia, com efeito, parecer pressupor que nós excluímos certas possibilidades e isso é impossível, pois de outro modo a lógica deveria sair dos limites do mundo: como se, justamente, ela pudesse considerar esses limites do outro lado. O que não podemos pensar, não podemos pensá-lo; não podemos, portanto, dizer o que nós não podemos pensar (5.61).

Essa observação fornece a chave da solução da seguinte questão: até que ponto o solipsismo é uma verdade? O que visa o solipsismo é completamente justo: entretanto, isso não pode ser dito, isso somente se mostra. Que o mundo seja *meu* mundo, isso se mostra no fato de que os limites da linguagem (da linguagem que eu sou o único a compreender) significam os limites do *meu* mundo (5.62).

Wittgenstein não afirma que o solipsismo é uma verdade filosófica. Ele aplica aqui justamente o quarto uso da linguagem do qual falamos há pouco. Ele visa, através de proposições incorretas, a algo que somente pode ser mostrado. A sustentação de sua visada é a fórmula: minha linguagem; não posso dizer nada fora da minha linguagem; não há então mundo para mim fora da minha linguagem e do mundo que ela constitui para mim. O que é realmente visado não é a solidão do eu, é a insuperabilidade da linguagem. Não se trata, aliás, do eu psicológico. O fato de que eu possa falar de *minha* linguagem me faz descobrir que eu próprio sou um limite dessa linguagem[18] e um limite do mundo: "O sujeito não pertence ao mundo, mas ele é um limite do mundo" (5.632). A esse respeito, Wittgenstein faz a comparação do olho que tem um campo visual, mas que é ele próprio o limite desse campo visual. Conclusão de Wittgenstein:

> Há então realmente um sentido no qual se pode falar, em filosofia, do eu, de uma maneira não psicológica. O eu entra em filosofia pelo fato de que o mundo é meu mundo. O eu filosófico não é o homem, não é o corpo humano, ou a alma humana de que trata a psicologia, mas o sujeito metafísico, o limite, não uma parte do mundo (5.64).

Mais uma vez, são então os limites da linguagem que permitem a Wittgenstein visar além do exprimível. Se a linguagem é insuperável, é também porque ela é minha linguagem. Também nesse sentido, não posso ultrapassá-la; mas, chocando-me com essa impossibilidade, eu me descubro como limite e como sujeito que não é parte do mundo.

Ao solipsismo linguístico está ligada a ideia do contingentismo radical:

> Nenhuma parte da nossa experiência é *a priori*. Tudo o que vemos poderia ser de outro modo. Tudo o que podemos descrever poderia ser de outro modo. Não há ordem das coisas *a priori* (5.634).

Vê-se nisso que o solipsismo, rigorosamente desenvolvido, coincide com o realismo puro. O eu do solipsismo se reduz a um ponto inextenso e só resta a realidade que é coordenada a ele (5.64).

---

[18] Pode-se comparar com a doutrina de Jaspers concernente ao *Eu* como limite do "pensável", cf. Jaspers, *Philosophie*. Berlin, Springer-Verlag, 1948, p. 316 ss. Jaspers, p. 125, insiste fortemente sobre a impossibilidade de conceber o todo do universo, o todo do universo sendo apenas um conceito-limite.

Sendo assim, não podemos descobrir nenhuma necessidade, nem nenhum valor preponderante, nos fenômenos que a linguagem nos representa. Seria necessária para isso uma regra exterior à nossa linguagem e esta não seria mais a nossa.

Todas as proposições são de igual valor (6.4).
O sentido do mundo (Wittgenstein entende por isso o que poderia lhe dar seu valor) se encontra fora dele. No mundo, todas as coisas são como são e ocorrem como ocorrem. *No* mundo, não há nenhum valor – e, se houvesse um, não teria nenhum valor. Se há valor que realmente tenha valor, deve se encontrar fora de todo acontecimento e de todo ser-de-tal-maneira. Pois todo acontecimento e todo ser-de-tal-maneira é acidental. O que o torna não acidental não deve se encontrar *no* mundo, pois, de outro modo, isso seria novamente acidental (6.41).

Nova visada, dessa vez em direção a uma fonte extramundana de valores, seja ela o Eu ou Deus. A consequência dessa concepção é que não pode haver ética, a não ser transcendental, isto é, absolutamente não empírica (6.42-6.43).

Na medida em que nos aproximamos do final do tratado, o tom de Wittgenstein se anima com uma espécie de frêmito imperceptível. Ele se aproxima, com efeito, da esfera própria do místico (segundo sua expressão) e um tipo de intuição inexprimível se impõe a ele. Não é mais a ideia abstrata, é o sentimento dos limites da linguagem, que ele experimenta:

Na morte, o mundo não muda, mas acaba (6.431).
A morte não é um acontecimento da vida. Não se vive a morte.
Se entendemos por eternidade não uma duração indefinida, mas a atemporalidade, então podemos dizer que quem vive no presente vive eternamente.
Nossa vida é tão infinita quanto nosso campo de visão (6.4311).
A imortalidade temporal da alma, isto é, sua sobrevivência eterna após a morte, não somente não está garantida de modo algum, mas, sobretudo, sua suposição não fornece sequer o que se queria obter por ela. Um enigma é resolvido porque sobrevivi eternamente? A vida eterna não é tão enigmática quanto a vida presente? A solução do enigma da vida no espaço e no tempo se encontra fora do espaço e do tempo.

(Não são problemas da natureza que temos para resolver) (6.4312).

Como é o mundo é perfeitamente indiferente para quem é superior. Deus não se revela no mundo (6.432).

Os fatos pertencem todos ao problema, não à solução (6.4321).

Não é o como do mundo que é o "místico", mas o fato de que ele seja (6.44).

A visão *sub specie aeterni* é sua visão como todo limitado.

O sentimento do mundo como todo limitado é o sentimento místico (6.45).

Para uma resposta inexprimível, não se pode exprimir tampouco a questão.

Não há enigma.

Se podemos colocar uma questão, podemos também respondê-la (6.5).

O ceticismo não é irrefutável, mas é manifestamente desprovido de sentido, pois quer duvidar lá onde não se podem colocar questões. Pois só pode haver dúvida onde há uma questão; só pode haver uma questão onde há uma resposta e só pode haver resposta onde algo pode ser dito (6.51).

Sentimos que, mesmo se todas as questões científicas forem resolvidas, nossos problemas de vida não são sequer tocados. Sem dúvida, não há mais questão; e justamente, esta é a resposta (6.52).

Reconhecemos a solução do problema da vida no fato de que esse problema se dissipa.

Não é essa a razão pela qual os homens, para quem o sentido da vida torna-se claro, após dúvidas prolongadas, não podem dizer então em que consiste esse sentido? (6.521).

Há sem dúvida alguma um inexprimível. Ele se mostra; é isso o místico (6.522).

Minhas proposições são clarificadoras na medida em que quem quer que me compreenda as reconhece, ao final, como contrassensos, quando saltou por meio delas – sobre elas – além delas. (Ele deve, por assim dizer, rejeitar a escada, após ter dela se servido para subir).

Ele deve ultrapassar essas proposições, então tem a visão correta do mundo (6.54).

A respeito do que não se pode falar, deve-se calar (7).

Encontramos aqui a famosa afirmação de Wittgenstein: "Qualquer um que me compreenda reconhece minhas proposições como contrassensos". Mas o contexto recoloca essa afirmação em uma nova perspectiva. Todas essas proposições com que o *Tratado* termina pertencem ao quarto gênero de uso da linguagem: elas buscam mostrar o inexprimível através de sua incorreção. Mas, na medida em que tentam mostrar o inexprimível, elas aparecem como contrassensos. É, poder-se-ia dizer, na própria medida em que elas têm um tipo de sentido e de verdade que aparecem como contrassenso. "Transcendendo-as, tem-se a visão correta do mundo". Alcançamos aqui o que Wittgenstein chama o místico. Não me lançarei em uma discussão sobre o valor da palavra para decidir se Wittgenstein a escolheu bem. Uma coisa é certa: ele entende como místico o sentimento que nos toma quando nos chocamos com os limites da nossa linguagem e do nosso mundo e que pressentimos que haja, como diz Wittgenstein, com uma voluntária imprecisão, um "inexprimível". Por isso, não penso que todo o domínio do uso "indicativo" da linguagem seja "místico", como Russell parece deixar entender. Creio que Wittgenstein considera que o "místico" começa no momento em que o uso indicativo da linguagem provoca em nós um sentimento de limitação ou de totalidade, o que é o mesmo: "O sentimento do mundo como todo limitado é o sentimento místico". Penso que Wittgenstein quer descrever a impressão de estranheza (que pode ir até o êxtase) que experimentamos diante do *Dasein* (o fato de que o mundo seja): o êxtase de Roquentin no jardim de Bouville,[19] mas também o sentimento cósmico caro aos românticos alemães. Mas, por exemplo, a primeira proposição do *Tratado*, "O mundo é tudo o que acontece", não é mística em si mesma; ela é do domínio do uso "indicativo" da linguagem.

Seja como for, o *Tractatus* se conclui no "místico". Esse "místico" parece ter três componentes: o sentimento de existência, o sentimento do todo limitado e o sentimento do inexprimível, isto é, de um além da linguagem. Esses três componentes são de fato três expressões diferentes de uma mesma visada: a impossibilidade de

---

[19] Observar a importância do contingentismo radical de Sartre em *A Náusea*.

dar, do interior do mundo e da linguagem, um sentido ao mundo, à sua existência e à sua totalidade. Wittgenstein não nos diz mais sobre isso. Estaria a intuição do contrassenso do mundo ligada para ele ao sentimento de uma presença indizível? É por isso que ele diz que aquele que descobriu o sentido da vida não pode dizer em que ele consiste (6.521)? Eric Weil parece exprimir uma experiência análoga, quando escreve:

> O homem que vive no sentimento e na presença, o homem quando *está* neles antes que viva neles, não tem necessidade de filosofia, porque não tem necessidade. Desde que não está mais neles, ele fala de "momento poético", de "iluminação mística", de um "clarão", de uma "erupção" ou de uma "irrupção" e, quando se recorda da sua linguagem "inspirada", seus *tat tvam asi*, seu grito no qual se revela o Um, os símbolos nos quais aparece a unidade de toda vida e de toda morte, o amor tão penetrante que é a luz que devora, ele sabe que compreendeu, que tivera compreensão, desaparecimento de toda exterioridade, de toda estranheza, mas ele somente o sabe e não compreende mais do que compreendeu.[20]

Talvez nos perguntemos de onde Wittgenstein tirou esse misticismo. Seus biógrafos dizem que a leitura do *Peregrino Querubínico* de Angelus Silesius lhe era familiar. Se isso é exato, essa leitura deve tê-lo habituado aos paradoxos místicos mais ousados. Pesquisei na obra de Silesius se nela se encontravam fórmulas que Wittgenstein teria retomado. Só encontrei esta, que apresenta uma certa analogia com o que diz Wittgenstein, mas trata-se, em suma, de uma fórmula bastante banal na história da mística: "Falamos nos calando: Homem, se queres exprimir o ser da eternidade, é preciso antes te privar de toda palavra" (II, 68).

É certo que a última palavra do *Tractatus* é um chamado ao silêncio: "A respeito do que não se pode falar, deve-se calar"; chamado que só tem nobreza porque Wittgenstein nos deixou entrever antes o além da linguagem a respeito do qual é preciso se calar. Como não evocar aqui a sétima carta de Platão

---

[20] Eric Weil, op. cit., p. 423.

(341 b7-d2): "Eu jamais escrevi coisa alguma sobre o que é o objeto do meu esforço?".

Mas se a última proposição do seu *Tratado* nos conduz a situar Wittgenstein na tradição dos escritores místicos que quiseram nos conduzir até às portas do silêncio diante do Inefável, o próprio movimento da obra nos traz um ponto de vista extremamente interessante no que concerne ao problema filosófico posto pela noção de inefável e de transcendência. É do próprio seio da oposição a toda forma de transcendência e de inefável que nasce a possibilidade de afirmar: há um inefável; posso visar algo que transcende os limites do mundo. Com efeito, o ponto de partida de Wittgenstein era: só posso pensar o que tem uma forma lógica, isto é, um sentido possível, isto é, o que é verificável empiricamente. Tal princípio excluía todo sentido à noção de inefável e de transcendência. Mas, justamente, se só posso pensar o que tem uma forma lógica, eu me choco com o fato de que, por consequência, não posso pensar a própria forma lógica; para pensar a forma lógica, eu deveria sair da linguagem e do mundo. Descubro então, no mesmo momento, que todo o "pensar" não se reduz ao "dizer", porque não posso "dizer" a forma lógica, mas posso visá-la, ela se mostra a mim; e eu descubro igualmente que minha própria linguagem é de algum modo um inefável, que não posso dizê-la, que somente posso visá-la, ou, ainda, que a linguagem cessa de ter um sentido quando se quer exprimir a linguagem como linguagem. Longe de me proibir a noção de inefável, a linguagem a abre para mim: porque quis falar exata e logicamente, sou obrigado a aceitar empregar uma linguagem inexata logicamente, uma linguagem que não representa nada, mas que evoca. Encontro o valor encantatório da linguagem; entrevejo que a forma mais fundamental da linguagem poderia ser a poesia, que faz nascer o mundo diante de mim. É na linguagem poética, é na função indicativa ou evocativa da linguagem, que tenho o direito de afirmar: "há verdadeiramente um inefável; ele se mostra; é o místico" (6.522).

A filosofia não nasce, como pretende Wittgenstein, de um mau uso da linguagem; digamos antes que toda linguagem tende inelutavelmente a tornar-se filosófica, isto é, a buscar se exprimir como linguagem, a exprimir sua própria expressividade. É nesse esforço necessário, mas necessariamente fadado ao fracasso, que a filosofia descobre sua própria impossibilidade, isto é, choca-se com insuperáveis limites da linguagem, melhor ainda, com o insuperável limite que a linguagem é para si mesma. K. Jaspers diria: a derradeira marca da transcendência é o silêncio.[21]

---

[21] Jaspers, *Philosophie*, p. 876. Permito-me remeter o leitor a dois artigos cujos temas são muito próximos da presente exposição: E. Wasmuth, "Das Schweigen Ludwig Wittgensteins; über das Mystische im *Tractatus Logico-Philosophicus*", *Wort und Warheit*, 7, nov. 1952; R. Freundlich, "Logik und Mystik". *Zeitschrift für philosophische Forschung*, 7, 1953, p. 554-70. R. Freundlich estuda de maneira extremamente interessante os problemas postos pela noção de forma lógica em Wittgenstein; ele insiste sobre o caráter "operativo" da lógica de Wittgenstein e vê nesse caráter "operativo" o ponto de contato entre a lógica e o "místico", o "místico" sendo concebido como o racional pensado em seu limite. A filosofia, segundo a interpretação que R. Freundlich dá de Wittgenstein, é uma atividade cujo resultado não é formulável, mas "se mostra" (p. 570). Ele conclui dizendo que a relação do místico com o racional se põe como um problema de teoria da linguagem, a saber, como o problema da relação entre a linguagem natural que abraça tudo e o domínio particular da racionalidade (p. 570).

WITTGENSTEIN, FILÓSOFO DA LINGUAGEM – I[1]

Meu livro trata dos problemas filosóficos e mostra, penso eu, que a formulação desses problemas repousa sobre um mau conhecimento da lógica de nossa linguagem. Poder-se-ia resumir todo o sentido deste livro nestes termos: o que se pode dizer pode-se dizer claramente; e acerca do que não se pode falar deve-se calar... Penso que a verdade das ideias aqui expostas é inatacável e definitiva. Penso, portanto, quanto ao essencial, ter resolvido os problemas.[2]

Essas linhas, colocadas por Wittgenstein no início de seu *Tractatus Logico-Philosophicus*, foram escritas por ele em Viena em 1918, quando tinha 29 anos. Elas orientaram de maneira decisiva toda uma corrente do movimento filosófico contemporâneo: o Círculo de Viena,[3] primeiramente, e agora quase toda a filosofia anglo-saxã. E muitas das possibilidades do pensamento de Wittgenstein ainda não foram exploradas.

Um gênio ou um excêntrico? B. Russell, que o teve como aluno, colocou-se essa questão em seu primeiro encontro em

---

[1] Publicado em *Critique,* n. 149, 1959, p. 866-81.

[2] Todos os textos de Wittgenstein são aqui traduzidos a partir do texto alemão. [Na realidade, todos os textos de Wittgenstein foram traduzidos do alemão para o francês pelo próprio P. Hadot. Nesta tradução portuguesa, seguiu-se a tradução feita por P. Hadot a fim de manter a coerência do artigo. (N. T.)]

[3] Sobre a influência de Wittgenstein sobre o "Círculo de Viena", cf. V. Kraft, *Der Wiener Kreis. Der Ursprung des Neopositivismus.* Viena, Springer Verlag, 1950.

Cambridge,[4] e logo se deu conta de que a primeira hipótese era a correta. Wittgenstein, nascido em Viena, em 1889, foi para a Inglaterra, para Manchester, a fim de se tornar engenheiro. Seu interesse rapidamente se voltou das matemáticas aplicadas às matemáticas puras e das matemáticas puras aos fundamentos das matemáticas. São esses interesses que o conduzem a Cambridge, junto a Russell, que estava justamente publicando, com Whitehead, os *Principia Mathematica* (1910-1913). De 1911 a 1914, Wittgenstein foi aluno de Russell. A guerra eclode. Austríaco, Wittgenstein deve retornar a seu país: ele é convocado e combate num *front* russo, depois num *front* italiano. De Cambridge, leva um manuscrito, que continua a redigir durante a guerra: é o futuro *Tractatus*. Ele sofre uma profunda transformação. Em uma pequena cidade da Galícia, lê o comentário dos *Evangelhos* feito por Tolstói. Descobre a pobreza evangélica, abre-se para o misticismo. Em agosto de 1918, o *Tractatus* está completamente redigido. Dois meses depois, Wittgenstein é feito prisioneiro no *front* italiano. Após o armistício, escreve a Russell para lhe anunciar a finalização do *Tractatus* e Russell intervém para obter a liberação de seu antigo aluno. Em agosto de 1919, encontra Russell em Haia e examina com ele o *Tractatus*. Russell escreve uma introdução à obra e a envia a Wittgenstein em 1920. Em 1921, a revista *Annalen der Naturphilosophie* publica o trabalho de Wittgenstein com o título *Logisch-philosophische Abhandlung*. Enfim, no ano seguinte, a obra é publicada em Londres, acompanhada de uma tradução inglesa e com o título *Tractatus Logico-Philosophicus*.

Entretanto, de volta à Áustria, Wittgenstein permanece fiel às resoluções tomadas durante a guerra. Abandonando a

---

[4] Russell, *Portraits from Memory*. Nova York, 1956, p. 23 [Em português: *Retratos da Memória e Outros Ensaios*. Trad. B. Silveira. São Paulo, Editora Nacional, 1958.]. Russell conta que, no final do primeiro semestre, Wittgenstein foi até ele e lhe perguntou: "O senhor poderia me dizer se eu sou ou não um perfeito idiota?". Russell respondeu: "Meu caro amigo, não sei. Por que essa questão?" – "Porque, se eu for um perfeito idiota, eu me tornarei aeronauta; caso contrário, serei filósofo". Russell o aconselhou a redigir um trabalho filosófico. No decorrer do ano, Wittgenstein voltou com um manuscrito. E Russell continua: "Depois de ter lido a primeira frase, eu lhe disse: Não, o senhor não tem necessidade de fazer aeronáutica". E uma outra vez, depois de um longo silêncio de Wittgenstein: "Wittgenstein, o senhor pensa na lógica ou nos seus pecados?" – "Nos dois".

opulenta herança paterna, ele será, de 1919 a 1926, professor primário em três pequenas cidades austríacas (Ottertal, Trattenbach am Semmering, Buchberg am Schneeberg): anos de silêncio, silêncio ao qual as últimas linhas do *Tractatus* convidavam. Em 1922, Moritz Schlick, amigo de Wittgenstein, obtém a cadeira de "filosofia das ciências indutivas" na Universidade de Viena: o Círculo de Viena está para nascer; em torno de Schlick, que sofre a influência do *Tractatus*, reúnem-se Neurath, Waismann, Carnap, Von Juhos, Feigl, estudantes ou colegas, atentos aos problemas de filosofia científica. Wittgenstein se recusa a participar dessas reuniões nas quais, todavia, sua obra é lida e comentada. Ele abandona o ensino primário, no qual havia tido, parece, pouco sucesso, retorna a Viena, dedica-se à arquitetura (em Viena, Kundmanngasse 19, pode-se ver uma casa construída por ele).

Ao mesmo tempo, porém, seu pensamento evolui, o *Tractatus* não tem mais o caráter de verdade intocável que possuía para ele dez anos antes. Quando, em 1929, ele volta a Cambridge, o segundo Wittgenstein está para nascer. Ensinando filosofia, ele leciona em Cambridge, de 1930 a 1935, cursos que marcam uma nova orientação acerca do *Tractatus* e compõe, sem publicá-las, obras que acabaram por vir a lume apenas muito recentemente, o *Livro Azul*, o *Livro Marrom* e os *Fundamentos da Matemática*.

Após uma viagem a Moscou, em 1935, ele se retira alguns anos na Noruega, na solidão de Sojne Fjord. Em 1939, sucede a G. E. Moore, sempre em Cambridge, na cadeira de "Mental Philosophy and Logic". Após a guerra, que ele passa como assistente num hospital de Londres, retoma seu ensino, escreve as *Philosophische Untersuchungen*, mas, acometido por uma doença, tem de cessar sua atividade em 1949. No dia 29 de abril de 1951, morre aos 62 anos.

Foram o ensino de Wittgenstein em Cambridge e suas relações pessoais com os filósofos ingleses que mais tiveram influência sobre a filosofia contemporânea. Sua primeira obra, porém, o *Tractatus Logico-Philosophicus*, ainda que ultrapassada pelo próprio Wittgenstein e seus discípulos, permanece a "Bíblia do neopositivismo".

Essa obra estranha, que tem um valor independente da sua influência, abre, como veremos, perspectivas filosóficas diferentes daquelas que o "segundo Wittgenstein" deixa entrever. Como o "jovem Marx" ou o "jovem Hegel", o "jovem Wittgenstein" esclarece e às vezes ultrapassa o "segundo". A obra se apresenta como uma sequência de proposições numeradas e classificadas segundo os princípios de classificação decimal (a proposição 1.1 comenta a proposição 1 e a proposição 1.11 comenta a proposição 1.1). Para fornecer as referências, bastará a nós então indicar o número de ordem da proposição citada. Para dizer a verdade, essa classificação fornece apenas um aparente rigor. A sequência de proposições é também uma sequência de fragmentos, sem dúvida ordenados segundo certo plano, que devemos reconhecer, mas que admite numerosas digressões ou repetições, ou ainda *obiter dicta* que não são a parte menos interessante da obra. Mais de uma sentença os faz reluzir, envolvida com um brilho enigmático.

O prefácio do *Tractatus* afirma a intenção de Wittgenstein: fundar um positivismo radical.

> O presente livro pretende traçar um limite para o pensamento ou, antes, não para o pensamento, mas para a expressão dos pensamentos: pois, para traçar um limite para o pensamento, deveríamos poder pensar os dois lados do limite (deveríamos então pensar o que não se pode pensar). O limite será traçado então no interior da linguagem e o que se encontra além desse limite será simplesmente contrassenso.

Tocamos, desde o início, na novidade do positivismo de Wittgenstein: não se trata mais para ele de delimitar o domínio do verdadeiro; trata-se de delimitar o domínio do sentido, os limites no interior dos quais a linguagem tem um sentido. O positivismo lógico buscará determinar se as proposições têm um sentido pela simples inspeção de sua forma lógica.

O *Tractatus* nos conduz, portanto, primeiramente à definição da noção de proposição com sentido: como, sob que condições se pode reconhecer quando uma proposição tem sentido? O itinerário será longo: será preciso definir o que é uma proposição e essa simples definição nos levará a expor o que é o pensamento que se formula em proposições e o que é o mundo que o pensamento reflete. É para chegar a essa definição final do sentido da proposição que o *Tractatus* começa definindo o que é o mundo (prop. 1), depois, o que é o pensamento (prop. 3).

Para compreender essa parte do *Tractatus*, é preciso reconhecer desde o início que ela supõe um verdadeiro paralelismo lógico-físico, uma identidade de estrutura entre o universo físico e a linguagem. Se considerarmos a estrutura de nossa linguagem, nos daremos conta de que ela é constituída de frases, elas mesmas formadas de proposições ligadas por partículas como *e, se, ou*. Por sua vez, as proposições podem se decompor em nomes e em verbos, mas cada uma tem uma unidade de sentido. Analisando agora a realidade segundo essa estrutura, obteremos isto: às frases correspondem fatos complexos que podemos decompor em fatos simples: se aqueço o metal, ele se dilata (dois fatos simples: aqueço o metal, ele se dilata). Cada fato simples aparece como uma relação entre objetos, que os nomes representam nas proposições simples. Pode-se então obter a seguinte correspondência: nome – objeto; proposições elementares – fatos simples; proposições complexas – fatos complexos. E, prosseguindo com o paralelismo, a linguagem aparecerá como o conjunto de proposições; o mundo, como o conjunto de fatos simples. O mundo aparecerá assim como um conjunto de fatos, não como um conjunto de objetos. Este é o sentido da famosa primeira proposição do *Tractatus*, quase intraduzível em francês: *Die Welt ist alles, was der Fall ist*; pode-se arriscar as seguintes traduções: "O mundo é o conjunto do que efetivamente ocorre,[5] o conjunto das ocasiões,[6] o conjunto

---

[5] Cf. prop. 4.024: "Compreender uma proposição é saber o que ocorre efetivamente (*was der Fall ist*), se ela é verdadeira". Ver também prop. 5.5542. [Na tradução feita por L. H. Lopes dos Santos, *Tractatus Logico-Philosophicus*. 3. ed. São Paulo, Edusp, 2001, leem-se as seguintes traduções: prop. 1: "O mundo é tudo que é o caso"; prop. 4.024: "Entender uma proposição significa saber o que é o caso se ela for verdadeira". (N. T.)]

[6] No sentido de Whitehead, no qual Wittgenstein faz pensar aqui. Para Whitehead, há apenas acontecimentos e, como observa F. Cesselin (*La Philosophie Organique de Whitehead*. Paris, PUF, 1950, p. 25), "os acontecimentos são atômicos, individuais, por natureza". Whitehead os chama às vezes, por essa razão, de "gotas de experiência" ou "ocasiões de experiência". Para Whitehead, como para Wittgenstein, "o mundo espaço-temporal não é uma soma de substâncias, mas uma pluralidade de acontecimentos que são as realidades últimas".

dos casos reais". E, se prosseguirmos ainda no paralelismo, ao espaço real no qual os fatos advêm corresponderá um espaço lógico no qual se situam as proposições (2.013; 3.42; 3.4; 4.0641). O paralelismo lógico-físico se explica facilmente: "A imagem lógica dos fatos é o pensamento" (prop. 3); "o pensamento não é nada além da proposição com sentido" (prop. 4); "a totalidade das proposições constitui a linguagem" (prop. 4.001). Temos aqui uma definição provisória da proposição com sentido: ela deve ser a imagem lógica dos fatos. Contudo, essa noção de imagem ou de figuração (*Bild*) precisa ser detalhada para que a noção de sentido fique bem definida.

O pensamento (ou a proposição que o exprime) é a imagem lógica dos fatos porque ela tem uma similaridade estrutural com os fatos que representa. O próprio fato tem uma estrutura na medida em que é uma relação entre objetos. Desse ponto de vista, a tradução de *Sachverhalt*, palavra que em Wittgenstein designa o fato simples, por *atomic fact* na tradução inglesa, esconde o caráter estrutural do fato simples. Em francês, poder-se-ia pensar em "estado de coisas";[7] em todo caso, no *Sachverhalt*, as coisas estão em relação (*sich verhalten*).[8] A proposição é a imagem do fato porque seus elementos estão numa relação similar à relação que existe, no fato, entre os objetos:

> O disco, o pensamento musical, a notação musical, as ondas sonoras sustentam, uns com relação aos outros, a mesma relação interna de figuração que existe entre a linguagem e o mundo. Eles têm em comum a mesma estrutura lógica (4.014).

> Para compreender a essência da proposição, podemos pensar na escrita hieroglífica que reproduz os fatos que pretende descrever (4.016).

Sendo também escrita ideográfica, a escrita do simbolismo lógico revela o caráter representativo da proposição. Tocamos aqui no aspecto verdadeiramente "lógico" do positivismo de

---

[7] Ricœur traduz *Sachverhalt* por "estado de coisa" em H. Husserl, *Idées Directrices pour une Phénoménologie*. Paris, Gallimard, 1950, p. 28.
[8] Cf. prop. 4.022: "A proposição mostra como as coisas se encontram em relação umas com as outras, quando ela é verdadeira".

Wittgenstein. O simbolismo lógico acabara de ser construído por Frege (1858-1925), Peano (1858-1932) e, sobretudo, Russell e Whitehead nos *Principia Mathematica*, publicados de 1910 a 1913. Wittgenstein prolonga e desenvolve esses trabalhos. Sabe-se que o simbolismo lógico substitui expressões particulares (sujeito, predicado, cópula, mas também proposições e conjunções) por signos determinados que permitem, exatamente como em álgebra, colocar em evidência a relação que existe entre objetos. A proposição é concebida como uma função das expressões que ela contém (3.318; 4.24). Tal como em álgebra faz-se abstração do significado concreto da variável x, que bem poderá, conforme os problemas, representar uma velocidade, um peso, um volume, também o simbolismo lógico faz abstração dos significados concretos, levando em conta categorias sintáticas (nomes, verbos, etc.). Ele é, portanto, formalizado, isto é, ele se atém às relações estruturais entre os objetos. Ele é axiomatizado, isto é, os signos não aparecem arbitrariamente, mas os tipos fundamentais de signos são definidos e as leis que os regem são deduzidas das leis fundamentais ou axiomas. Graças ao simbolismo lógico, o caráter representativo da proposição se manifesta claramente. Se reconhecemos que um objeto a tem a relação R com o objeto b, a proposição aRb terá uma estrutura similar ao fato: "À configuração dos signos simples na proposição representada simbolicamente corresponde a configuração dos objetos na situação real" (3.21). "A proposição é a figuração de uma situação real na exata medida em que ela está logicamente articulada" (4.032). A proposição, portanto, tem em comum com a realidade a forma lógica (4.12) e pode-se conceber a forma lógica como uma configuração de símbolos que representa a configuração do fato.

Portanto, o sentido de uma proposição não é outra coisa senão a representação de um estado de coisas: "Em lugar de dizer: essa proposição tem este ou aquele sentido, pode-se dizer: essa proposição representa esta ou aquela situação real" (4.031). O sentido determina um fato possível (4.2): "O sentido de uma proposição é seu acordo ou seu desacordo com a possibilidade de existência ou de não existência de um estado de coisas". Essa definição do sentido é o ponto de partida de uma noção importante em todo o positivismo lógico contemporâneo: uma proposição tem sentido não quando é verdadeira (isto é, quando corresponde à realidade de um fato), mas quando é verificável, isto é, quando corresponde à possibilidade de um fato (4.063). Há um método duplo de verificação possível. A verificação empírica nem sempre é possível, por exemplo para a proposição: "Sobre o outro lado da lua, há montanhas de 3 mil metros de altura". Contudo, se essa proposição tem sentido, é porque tem uma verificabilidade lógica: a construção da frase não contradiz as leis lógicas. A lógica ou, mais especialmente ainda, o simbolismo lógico permitirá então determinar se uma proposição tem sentido. Uma proposição que tem uma *forma lógica* terá necessariamente um *sentido*, isto é, mostrará claramente qual estado de coisas lhe corresponde, se ela for verdadeira. E para saber se uma proposição tem uma forma lógica, bastará verificar se ela é realmente uma proposição, isto é, se os signos que a compõem têm todos um significado (critério semântico) e se a cada signo corresponde um significado determinado, de tal modo que dois significados não sejam designados pelo mesmo signo e que dois signos de designação diferente não sejam empregados no mesmo sentido (critério sintático). Tais são as leis do simbolismo (3.325) que obedece às leis da gramática lógica, da sintaxe lógica. Pode-se dizer então, de certa maneira, que é possível reconhecer *a priori* se uma proposição tem um conteúdo com sentido ou não. Aqui reside a originalidade do positivismo de Wittgenstein, ao qual retornaremos: "Conhecemos *a priori* a possibilidade de uma forma lógica" (6.33). "A evidência, da qual Russell tanto falou, pode se tornar supérflua em lógica apenas se a própria linguagem impedir todo erro lógico. O *apriorismo* da lógica consiste em ser impossível pensar ilogicamente" (5.4731).

Assim definido o sentido da proposição, ficará claro então que

a maior parte das proposições e das questões que foram escritas sobre temas filosóficos não são falsas, mas *são contrassensos*. Não podemos responder questões desse gênero, podemos somente estabelecer que são contrassensos. A maior parte das questões e das proposições da filosofia são fundadas no fato de que ignoramos a lógica da nossa linguagem. São questões do tipo: o Bem é mais ou menos idêntico ao Belo? Nada há de surpreendente nos mais profundos problemas não serem propriamente problemas (4.003).

A filosofia é um mau uso, uma doença da linguagem que engendra pseudoproblemas e pseudoproposições, proposições desprovidas de forma lógica que não determinam um estado de coisas possível porque pecam contra a gramática lógica.

Para dizer a verdade, o próprio manejo do simbolismo lógico pode ser a causa desses pseudoproblemas e desses pseudoconceitos. Será preciso aplicar com rigor a regra de Ockham:[9] "Um signo do qual não se tem necessidade (ou um signo que não é utilizado) é um signo que não tem significado. Esse é o sentido da navalha de Ockham" (3.328; cf. 5.47321). Dito de outro modo, é preciso tomar como guia a necessidade lógica mais rigorosa. O supérfluo obscurece e extravia. A forma lógica deve ser um puro reflexo da estrutura dos fatos. Por exemplo, o simbolismo lógico utiliza o signo de igualdade para exprimir a identidade. Perigo de pseudoconceito filosófico: crer que exista uma identidade em si e construir expressões como: Sócrates é idêntico. Contudo, *idêntico* em *Sócrates é idêntico* não tem o mesmo significado que no signo de igualdade. *Sócrates é idêntico* é um contrassenso, porque não demos sentido algum a *idêntico* como adjetivo (5.4733). No fundo, porém, o signo de igualdade não é uma parte essencial da escrita simbólica (5.533). Bastará, para suprimi-lo, utilizar signos idênticos para objetos idênticos e signos diferentes para objetos diferentes (5.53 a 5.5352). Outro pseudoconceito: o conceito de objeto. Ele também pode ser engendrado por uma má utilização do simbolismo. Com efeito, o simbolismo lógico utiliza a variável x para designar um objeto que terá esta ou aquela propriedade ou relação com outros objetos. Essa variável x significa então um objeto ainda não determinado, ela exprime o conceito formal de objeto: seus diferentes valores significarão todos os objetos determinados que entrarem no conceito formal de objeto (4.127). A variável x pode assumir os valores $a, b, c..., $ etc. Não se deverá jamais confundir, porém, a variável x com um de seus valores, fazer como se x pudesse ser um valor de x. Não se poderá jamais dizer: há objetos, como poder-se-ia dizer: há livros; ou

---

[9] É o princípio de economia: *Frustra fit per plura quod potest fieri per pauciora*, ou ainda: *Entia non sunt multiplicanda sine necessitate*.

ainda: há cem objetos, como poder-se-ia dizer: há cem livros.[10] Tais proposições são contrassensos, pois, nelas, a palavra *objeto* perde seu significado (4.1272). Conceito puramente formal, ele se torna, nessas proposições, um conceito próprio. Dizendo de outra maneira, o conceito formal de objeto não pode ele mesmo jamais tornar-se um objeto determinado. Ele é dado com os objetos e não pode ser separado dos objetos (4.12721).

Encontramos aqui uma das noções fundamentais do *Tractatus*: o que se mostra na forma lógica não pode ser dito, não pode ser representado no simbolismo (4.1212). A variável *x* mostra o conceito formal de objeto, mas esse conceito não pode ser representado (4.126). Outros exemplos de Wittgenstein: os conceitos formais de fato, função, número (4.1272); presentes no simbolismo, graças a variáveis, eles não podem ser expressos por um signo próprio. Ocorrerá o mesmo com as noções de certeza, possibilidade ou impossibilidade (5.525). É por meio da simples inspeção da forma lógica que essas noções serão encontradas sem haver necessidade de exprimi-las por uma proposição.

Os contrassensos filosóficos, portanto, provêm frequentemente de uma reificação de funções lógicas puras ou, o que dá no mesmo, de uma necessidade de representar o irrepresentável ou de pensar o impensável, pois, para Wittgenstein, pensável e representável se identificam (3.001). Aos objetos correspondem, na linguagem e no simbolismo lógico, signos que os representam. Contudo, se assim a proposição pode representar a realidade,

> ela não pode representar o que ela deve ter em comum com a realidade para poder representá-la, isto é, a forma lógica. Para poder representar a forma lógica, deveríamos nos colocar, com nossa proposição, fora da lógica, isto é, fora do mundo (4.12).

> A proposição não pode *representar* a forma lógica, mas a forma lógica se reflete na proposição... A proposição *mostra* a forma lógica da realidade: ela a exibe. (4.121)

O simbolismo lógico de Wittgenstein tenderá, por conseguinte, a eliminar tudo que não representa nada; tenderá a representar com

---

[10] [Corrijo aqui um erro de impressão no artigo da *Critique*.]

signos unicamente os objetos. A ordem, a sintaxe dos signos *mostrará* a forma lógica comum à proposição e ao fato a que se refere. Será preciso evitar tudo que poderia fazer crer que o irrepresentável é representado; por exemplo, as *constantes lógicas* (*e*, *ou*, *implica*, etc., que ligam as proposições elementares entre elas) não representam nada (4.0312) e é preciso reduzi-las ao mínimo (5.4 e seguintes).

Encontramos aqui um novo significado do positivismo lógico de Wittgenstein. Todo positivismo se caracteriza pela eliminação de todo *a priori*, isto é, de toda "proposição cuja possibilidade garante a verdade" (3.04), necessária e universal por si mesma. Se as matemáticas e a lógica parecem conter tais proposições que testemunhariam uma estrutura *a priori* de nossa razão, os positivistas se esforçavam para fazer a gênese delas, para mostrar sua origem a partir da experiência. Eles deviam mostrar que não havia fonte alguma de conhecimento fora da experiência. O positivismo lógico de Wittgenstein não tem de buscar fazer essa demonstração. As proposições universais e necessárias que encontramos na lógica, as leis, os princípios da lógica são puramente formais. Elas não têm conteúdo *representativo* algum, não representam objeto algum. Elas são o que a lógica chama de *tautologias* (6.1); elas nada dizem, são proposições analíticas.

Como diz Wittgenstein, não sei nada sobre o tempo que está fazendo, se sei simplesmente que há uma alternativa: chove ou não chove (4.461). Esta proposição lógica: "ou chove ou não chove" é verdadeira sob qualquer condição: ela é necessária e sua certeza[11] fica clara pela simples inspeção de sua forma lógica. Contudo, ela *não tem sentido* (4.461), ela nada diz, não tem conteúdo representativo, não afirma a possibilidade de um estado de coisas.[12] Desprovida de

---

[11] "A verdade da tautologia é certa, a da proposição com sentido é possível (o sentido é possibilidade de verdade), a da contradição é impossível" (4.464). "A certeza, a possibilidade ou a impossibilidade de um estado de coisas não são expressas por uma proposição, mas pelo fato de que uma expressão é uma tautologia, uma proposição com sentido ou uma contradição" (5.525).

[12] Deixo deliberadamente de lado uma das partes mais importantes do *Tractatus* (da proposição 5 à proposição 6.031), a teoria da forma geral da proposição, porque sua exposição seria demasiadamente técnica. Essa teoria é importante porque estabelece o caráter tautológico da lógica. Pode-se dizer, quanto ao essencial, que ela consiste em afirmar que a única fonte de conhecimento se encontra nas proposições elementares, que afirmam a existência de um estado de coisas, e que todas as proposições complexas são construídas a partir das proposições elementares pela aplicação repetida de operações lógicas determinadas.

sentido, a proposição lógica não é, todavia, um contrassenso, como a proposição filosófica (4.611): ela é puramente não representativa, mas não pretende representar o irrepresentável.

Ademais, e reside aqui um dos aspectos mais profundos da filosofia da lógica que Wittgenstein nos propõe, as proposições lógicas *mostram* a lógica do mundo.

> Uma das características particulares das proposições lógicas é que se pode reconhecer, considerando somente seu símbolo, se são verdadeiras. E esse fato contém em si mesmo toda a filosofia da lógica. E o fato de que não se possa reconhecer, pela simples inspeção da proposição, a verdade ou falsidade das proposições que não são puramente lógicas é igualmente muito importante (6.113).

> O fato de que as proposições da lógica sejam tautologias *mostra* as propriedades formais – lógicas – da linguagem, do mundo (6.12).

> As proposições lógicas descrevem a armação lógica do mundo ou, antes, elas a mostram. Elas não tratam de nada. Elas somente pressupõem que os nomes têm um significado e as proposições elementares, um sentido: eis aí sua ligação com o mundo. É claro que o fato de que certas combinações de símbolos sejam tautologias (isto é, sejam sempre verdadeiras) deve mostrar alguma coisa acerca do mundo... Em lógica, é a própria natureza dos signos essencialmente necessários que fala (6.124).

> A lógica do mundo, que as proposições da lógica *mostram* nas tautologias, as matemáticas mostram nas equações (6.22).

> A lógica não é uma doutrina, mas um reflexo do mundo (6.13).

A lógica nada diz, portanto, nada representa, mas, justamente, ela mostra que a lógica do mundo é irrepresentável.

Desse positivismo lógico decorre uma concepção completamente nova e puramente negativa da filosofia. A única filosofia possível consistirá em delimitar o pensável (4.114), isto é, o exprimível. Ela deverá então desvelar, sem cessar, nas proposições metafísicas, o erro lógico, o signo que está desprovido de significado (6.53). Será uma crítica da linguagem (4.0031), uma atividade crítica e não uma doutrina (4.112). Ela deverá clarificar os pensamentos afastando toda imprecisão lógica.

Há aqui um tipo de retorno ao ideal socrático da ironia. Essa "ironia", porém, crê no poder da negação, da mais radical negação. Mesmo clarificadora, a filosofia permanece um contrassenso. É o paradoxo do *Tractatus*: "Minhas proposições são clarificadoras na medida em que quem me compreende as reconhece, ao final, como desprovidas de sentido, quando saltou por meio delas – sobre elas – além delas. (Ele deve, por assim dizer, descartar a escada depois de ter se servido dela para subir.) Ele deve ultrapassar essas proposições e então ter a visão correta do mundo" (6.54). Evidentemente – o leitor há de já ter pensado nisso –, se as proposições relativas aos objetos, aos fatos, às proposições, etc., são contrassensos, porque pecam contra o simbolismo lógico, quase todas as proposições do *Tractatus* são contrassensos desse tipo. Poder-se-ia dizer que a atividade filosófica consiste em descobrir seu próprio contrassenso, em reconhecer a si mesma como uso ilegítimo da linguagem. O paradoxo, entretanto, permanece intacto. Pode-se perguntar como é possível compreender as proposições do *Tractatus*, se, em última instância, elas não têm sentido. Contudo, a ousadia do paradoxo deve fazer refletir.

Qual será "a visão correta do mundo" de que Wittgenstein fala? Resultado do ultrapassamento das proposições filosóficas, ela só pode ser uma contemplação ingênua da realidade. Essa ingenuidade do olhar só pode ser obtida depois de uma libertação de todos os preconceitos, de todos os pseudoconceitos, de todos os pseudoproblemas. O mau uso da linguagem separava o homem do mundo. Por um tipo de autoterapia, a filosofia cura a si mesma, pela linguagem, do mau uso da linguagem. Há aí um tipo de psicanálise. E, "analisado", o filósofo não é mais filósofo, não está mais "na busca pela sabedoria", ele é "sábio". Sua sabedoria é uma pura vivência incomunicável, olhar lançado sobre as coisas, mas que não pode se exprimir. A crítica da linguagem elimina o vazio dos conceitos em benefício da plenitude da existência vivida.

O positivismo de Wittgenstein visa ao inexprimível. Ele não é introversão do homem sobre sua finitude: "A filosofia dará significado ao indizível, apresentando claramente o dizível" (4.115). O indizível, o inexprimível, o irrepresentável, nós o encontramos ao longo do *Tractatus*. Inexprimível, a essência das coisas (3.221), a forma lógica, comum à proposição e ao fato que ela representa (4.12), enfim, a lógica dos fatos, a lógica do próprio mundo (4.0312). Se é possível visar, sem o exprimir, ao inexprimível, é porque ele *se mostra*. A proposição mostra a forma lógica da realidade (4.121), os conceitos formais se mostram nos signos que representam os objetos (4.126), o fato de as proposições lógicas serem tautologias mostra a lógica do mundo (6.12). *O que se mostra*, em todos esses exemplos, é que a estrutura lógica da linguagem corresponde à estrutura lógica da realidade, mas que eu não posso exprimir essa correspondência. A expressividade da linguagem é inexprimível. Não posso exprimi-la, porque, justamente, estou na linguagem, como estou no mundo, e não posso sair dela: "Para poder representar a forma lógica (isto é, o que a linguagem tem em comum com a realidade), deveríamos nos colocar, com nossa proposição, fora da lógica, isto é, fora do mundo" (4.12). Pode-se então dizer que, para nós, concretamente, linguagem e mundo coincidem: "Os limites de minha linguagem representam os limites de meu universo" (5.6). Esta é a verdade a que visa o solipsismo, quando diz que não posso sair de mim mesmo, que o mundo pode ser apenas *meu mundo*: "Que o mundo seja *meu* mundo, isso se mostra na medida em que os limites da minha linguagem (da linguagem que sou o único a compreender) constituem os limites do meu mundo" (5.62).

O positivismo de Wittgenstein desemboca assim na mística: "Sem dúvida há um inexprimível; ele se mostra; isso é o 'místico'" (6.552). Wittgenstein é aqui desesperadamente conciso. Ficamos restritos a interpretar da melhor forma possível. Se estamos *na linguagem*, como *no mundo*, o inexprimível corresponde a um além dos limites da linguagem e dos limites do mundo. O irrepresentável e o inexprimível que encontramos na lógica nos deixam entrever esse além. O "místico" de que Wittgenstein fala parece corresponder bem a um êxtase no qual "vemos" um além do mundo e da linguagem, seu sentido, seu significado, o fato de sua existência:

O sentido do mundo deve se encontrar fora dele. No mundo, todas as coisas são como são e ocorrem como ocorrem (6.41).

Como o mundo seja, é perfeitamente indiferente para um ser superior. Deus não se revela no mundo (6.432).

Não é o *como* o mundo é que é o "místico", mas o fato de que ele seja (6.44).

A visão do mundo *sub specie aeterni* é sua visão como todo, limitado. O sentimento do mundo como todo, limitado, é o sentimento místico (6.45).

O êxtase místico corresponde, parece-me, para Wittgenstein, à saída dos limites do mundo e da linguagem pela qual o próprio mundo e a linguagem aparecem como contrassensos. "O fato de que o mundo seja" é absolutamente incompreensível e inexprimível. Ao passo que as proposições de nossa linguagem têm sentido apenas quando visam a fatos do mundo – a totalidade do mundo e a totalidade da linguagem, percebidos justamente como todos, limitados, não nos deixam mais nenhuma determinação capaz de fixar um sentido. É então, porém, que o êxtase revela que o sentido do mundo (e o da linguagem) está fora dele.

Parece-me que todo o *Tractatus* pode ser resumido nesta fórmula extraordinariamente concisa: "O que se exprime na linguagem, nós não podemos exprimi-lo pela linguagem" (4.121). Ninguém jamais exprimiu tão clara e profundamente o que é preciso chamar de mistério da linguagem, que é idêntico ao mistério do mundo. Essa fórmula dirige tão bem o simbolismo lógico de Wittgenstein como seu "misticismo". No simbolismo, não podemos exprimir por signos o que se mostra nos próprios signos. Não podemos representar o irrepresentável. É bem esse o sentido da crítica da linguagem que a filosofia deve ser. Quanto ao "misticismo", ele corresponde à seguinte ideia: o inexprimível se mostra na linguagem; a essência da linguagem é, exprimindo o exprimível, visar ao inexprimível; não podemos exprimir o que *vemos* na linguagem; o sentido último da linguagem não pode se exprimir na linguagem. Sem dúvida, estamos *na* linguagem; essa situação é insuperável. Contudo, é no próprio seio dessa situação insuperável que se mostra a nós a Transcendência.

A análise que se leu agora não conseguirá dar ao leitor uma ideia exata da riqueza do *Tractatus*.[13] A obra mereceria ser traduzida para o francês e ser abundantemente comentada;[14] o comentário deveria ater-se notadamente em mostrar o movimento geral do pensamento de Wittgenstein, que a forma fragmentária das proposições dissimula. Enquanto se espera essa tradução, poder-se-á recorrer à edição inglesa que possui o texto alemão e a tradução inglesa. Desde a sexta edição (1955), o livro possui um *index*, redigido por Max Black, muito importante para o estudo dos temas essenciais. A edição italiana traz o texto alemão e uma tradução italiana feita por G. C. M. Colombo. Uma introdução de 131 páginas, escrita por G. C. M. Colombo, provavelmente o mais longo estudo dedicado ao *Tractatus*, confere a essa edição um grande valor, tanto mais porque ela possui também uma nota de M. Dummet sobre o simbolismo lógico de Frege e Russell e uma utilíssima bibliografia. A introdução de Colombo estuda notadamente os fundamentos ontológicos e lógicos do *Tractatus*, sua contribuição para a filosofia contemporânea e seu significado histórico. Ela critica também o positivismo lógico do ponto de vista tomista e denuncia suas dificuldades. Essa edição italiana é assim praticamente indispensável a quem quiser estudar seriamente o tratado. Aliás, a tradução que ela apresenta é frequentemente preferível à tradução inglesa.

Pode-se fazer críticas de detalhes e críticas de fundo ao *Tractatus* de Wittgenstein, apontar certas incongruências do vocabulário, o postulado positivo que o marca irremediavelmente, a concepção de pensamento como cópia da realidade, que coloca problemas talvez insolúveis; pode-se também insistir sobre o paradoxo, reconhecido pelo próprio Wittgenstein: a descoberta final do contrassenso das proposições do *Tractatus*. Todas essas críticas poderão ser úteis e interessantes. Contudo, que nos seja permitido aqui renunciar a elas. Reconhece-se, parece-me, um grande filósofo no fato de que ele introduz definitivamente uma nova problemática. É exatamente o caso de Wittgenstein. Para além das críticas que se pode fazer a seu *Tractatus*, é necessário reconhecer esse ponto essencial.

---

[13] Seria preciso expor também sua teoria das matemáticas (6.2 a 6.241), da mecânica (6.3 a 6.3751), da ética (6.4 a 6.43), da morte e da imortalidade (6.431 a 6.4312).

[14] Penso em fazer essa tradução nos próximos anos. [Hadot não chegou a fazer esta tradução. A edição francesa do *Tractatus* foi publicada pela Gallimard em 2001 e contou com tradução de Gilles-Gaston Granguer. (N. E.)]

Depois do *Tractatus* de Wittgenstein, é impossível não tomar posição acerca do que se poderia chamar de "insuperabilidade" da linguagem: "Os limites de minha linguagem constituem os limites do meu mundo" (5.6). A linguagem aparece como uma estrutura insuperável do ser humano. A história da filosofia, e especialmente a crítica kantiana, deveriam ser examinadas desse ponto de vista. Todo *a priori* é "linguístico". Segundo a inesquecível fórmula de Heidegger: "Se vamos à fonte, se vamos pela floresta, vamos até lá por meio da palavra fonte, por meio da palavra floresta, mesmo que não examinemos essas palavras, mesmo que não pensemos nada que esteja formulado".[15]

Depois do *Tractatus*, é igualmente impossível não tomar posição acerca da estrutura lógica da linguagem. A filosofia é uma má compreensão dessa estrutura lógica? Sob quais condições as proposições filosóficas, e todas as proposições em geral, têm um sentido? Não é certo que a filosofia do segundo Wittgenstein ou que a filosofia da escola anglo-saxã de análise da linguagem representem as melhores formas dessa crítica da linguagem que a filosofia, desde então, deve ser. Em todo caso, será preciso aprofundar a teoria da compreensão e detalhar as possibilidades legítimas da linguagem.

Depois do *Tractatus*, enfim, é impossível não tomar posição acerca do "irrepresentável" e do "inexprimível". O problema da Transcendência também deve ser formulado do ponto de vista da linguagem. Sem dúvida, a teologia negativa tradicional sempre foi sensível ao fato de que o Absoluto é indizível e que nós não podemos jamais falar senão de nossa "afasia".[16] Na perspectiva da insuperabilidade da linguagem, porém, a teologia negativa adquire um novo sentido: "O que se exprime na linguagem, nós não podemos exprimi-lo pela linguagem" (4.121).[17]

---

[15] Heidegger, *Holzwege*. Francfort, Klosterman, 1959, p. 286. [Em português: *Caminhos de Floresta*. 2. ed. Trad. I. Borges Duarte. Lisboa, Fundação Calouste Gulbenkian, 2012.]

[16] Damáscio, *Problèmes et Solutions Concernant les Premiers Principes*. Trad. fr. Chaignet. Paris, Leroux, 1898, p. 20.

[17] Assinalo, para terminar, uma interessante avaliação do *Tractatus*, em S. Breton, *Situation de la Philosophie Contemporaine*. Paris-Lyon, Vitte, 1959, p. 32-45.

WITTGENSTEIN, FILÓSOFO DA LINGUAGEM – II[1]

Com relação ao *Tractatus Logico-Philosophicus*, publicado pela primeira vez em 1921-1922, e que analisamos no artigo precedente,[2] as *Philosophische Untersuchungen* (*Investigações Filosóficas*),[3] que constituem a segunda grande obra de Wittgenstein, marcam uma profunda evolução e o próprio autor insiste sobre esse ponto em seu prefácio: o segundo livro constitui, a seus olhos, uma correção dos erros do primeiro.

De um a outro, todavia, a inspiração e a finalidade de Wittgenstein permaneceram idênticas. É uma terapêutica que nos é proposta. A filosofia é uma doença da linguagem; os problemas filosóficos surgem quando "a linguagem tira férias" (§ 38). A verdadeira filosofia consistirá então em se curar da filosofia, em fazer desaparecer completa e definitivamente todo problema filosófico:

---

[1] Publicado em *Critique*, n. 150, 1959, p. 972-83.

[2] Ver o capítulo precedente.

[3] Wittgenstein, *Philosophical Investigations, Philosophische Untersuchungen*, texto alemão editado por R. Rhees e G. E. M. Ascombe, tradução inglesa por G. E. M. Ascombe. Oxford, Oxford University Press, 1953. [Em português: *Investigações Filosóficas*. Trad. José Carlos Bruni. São Paulo, Nova Cultural, 1999 (col. Os Pensadores).] As citações desse livro feitas no presente artigo foram traduzidas por mim a partir do texto alemão. A obra é formada por duas partes. Na primeira, os parágrafos são numerados. Para citar textos pertencentes a essa primeira parte, nos contentaremos, pois, em colocar entre parênteses o número do parágrafo (§ 38). A segunda parte da obra é constituída de quatorze seções numeradas com algarismos romanos. Nossas citações, para serem mais precisas, darão entre parênteses o número da página (p. 226). Serão encontradas ainda algumas citações do *Tractatus Logico-Philosophicus*; a referência, neste caso, será dada pelo número da proposição (prop. 4.002).

A única descoberta autêntica: a que me torna capaz de parar de filosofar, quando quero; a que conduz a filosofia ao repouso a fim de que ela não seja mais fustigada pelas questões que a colocam em questão. Contudo, por ora, mostramos um método por meio de exemplos e a série desses exemplos pode ser interrompida. São problemas que são resolvidos (dificuldades que são eliminadas), não *um único* problema. Não há um método da filosofia, mas há métodos, como há terapias diferentes (§ 133).

Wittgenstein continua, portanto, a se devotar à mesma missão: conquistar uma paz radical e definitiva para a inquietude metafísica. Tal intenção impõe um certo gênero literário: a obra não será a exposição de uma síntese, de uma doutrina, de uma filosofia no sentido tradicional. Wittgenstein teria recusado categoricamente o epíteto de "filósofo da linguagem" que o título do presente artigo lhe atribui. Se é possível, legitimamente, parece-me, descobrir uma filosofia da linguagem em Wittgenstein, isso se dá contra sua própria vontade. O que ele quer fazer é mostrar, a partir de um grande número de exemplos, como os filósofos erraram ao buscar outra coisa senão o funcionamento normal da linguagem cotidiana. O livro se apresenta, pois, como uma sequência de observações, como um "álbum de esboços", segundo a expressão do próprio autor em seu prefácio. Ele pretende agir pouco a pouco sobre nosso espírito, como uma cura, como um tratamento médico. A obra não tem um plano, propriamente falando. Pode-se observar que certas sequências de parágrafos se relacionam a temas particulares. Pode-se assinalar quais são consagrados, por exemplo, à noção de significado (§ 1-45), à refutação do atomismo lógico que caracterizava o *Tractatus* (§ 46-64), à noção geral de jogo de linguagem (§ 65-137), ao estudo da compreensão (§ 138-242), ao problema da expressão dos sentimentos e dos processos mentais (§ 243-693); a segunda parte da obra (II, I a XIV) quase que inteira trata dos mesmos problemas: expressão dos sentimentos, possibilidade de uma linguagem privada, sentido das frases que parecem fazer o relato de uma introspecção.

Essa análise, demasiado rápida, há de ter permitido ao leitor reconhecer imediatamente a diferença dos temas abordados no

Tractatus e nas *Philosophische Untersuchungen*. O *Tractatus*[4] era lógico e "fisicalista": nele, os problemas filosóficos apareciam como contrassensos provocados pela ignorância das condições lógicas que permitem construir proposições com sentido, e as proposições das ciências da natureza se revelaram as únicas que tinham um verdadeiro conteúdo de sentido (*Tractatus*, prop. 6.53). As *Philosophische Untersuchungen* empreendem uma trajetória totalmente diferente: "O que fazemos é conduzir as palavras de seu uso metafísico a seu uso cotidiano (§ 116)". Esse retorno ao "cotidiano" me parece o movimento característico do segundo Wittgenstein. Eu de bom grado veria nele uma vontade de simplicidade e de unidade, de pobreza de certo modo "evangélica", que conviria bastante bem aos modos daquele que, por um momento, foi discípulo de Tolstói. Todo filósofo, aliás, ressente profundamente, creio eu, o hiato que separa sua linguagem da linguagem cotidiana. Ele pensa que o que chama de "consciência empírica", isto é, o homem em sua vida de todo dia, deve se converter, transformar sua atitude natural e perceber as coisas de uma maneira nova, sob o aspecto do Ser ou da Duração ou da Eternidade. Para dizer a verdade, porém, a conversão filosófica está sempre fadada ao fracasso. O homem permanece "cotidiano" e continua a falar uma linguagem "cotidiana". Resulta daí um tipo de esquizofrenia, um dualismo insuperável, a justaposição de uma "consciência filosófica", que tem sua linguagem própria, e de uma "consciência empírica", que fala, por sua vez, a linguagem de todo dia. Contudo, a linguagem filosófica corre o risco de ser uma linguagem que redunda no vazio, que não está inserida na *práxis*, na atividade real dos homens.

Ilusão, diz Wittgenstein aos filósofos, é ilusão buscar a profundidade e a admiração longe da linguagem cotidiana. Ele imagina a objeção: "Em que, porém, sua pesquisa pode ter importância, já que ela demole tudo que é interessante, tudo que é importante?". Wittgenstein responde: "Destruímos apenas castelos de cartas e expomos a céu aberto o fundamento da

---

[4] Sobre o *Tractatus*, ler agora a excelente obra da Sra. G. E. M. Anscombe, *An Introduction to Wittgenstein's Tractatus*. Londres, 1959.

linguagem sobre o qual eles haviam sido construídos (§ 118)". O mais simples, o mais familiar é que deve nos causar admiração: à falsa glória de Salomão, deve-se preferir o esplendor dos lírios dos campos:

> Os aspectos das coisas que são mais importantes para nós estão escondidos porque são simples e "cotidianos". (Não se pode observá-los – porque os temos sempre diante dos olhos.) O homem não se admira com os fundamentos autênticos de sua pesquisa, a menos que já tenha se admirado com isso. – Isso quer dizer: o que, uma vez reconhecido, é o mais admirável e o mais extraordinário não nos causa maior admiração. (§ 129)

Certamente, tocamos aqui nas mais profundas preocupações de Wittgenstein, para quem a admiração perante a realidade sempre foi um sentimento fundamental: "Minha experiência por excelência? [...] A melhor maneira de descrevê-la seria dizer que, quando a experimento, fico repleto de admiração perante a existência do mundo".[5] Wittgenstein fica repleto da mesma admiração perante a realidade familiar e simples que é a linguagem cotidiana. O *Tractatus* já supunha o caráter insuperável da linguagem. As *Philosophische Untersuchungen*, porém, são mais precisas sobre esse ponto: "Nosso erro consiste em buscar uma explicação onde deveríamos ver os fatos como um fenômeno primitivo (*Urphänomen*), isto é, onde deveríamos simplesmente dizer: tal jogo de linguagem é jogado" (§ 654).

Haveremos, evidentemente, de voltar a essa noção capital de jogo de linguagem. Por ora, contudo, que nos seja permitido sublinhar que o termo *Urphänomen* é provavelmente uma lembrança de uma carta de Goethe a Eckermann:

> O ponto supremo ao qual o homem pode chegar é a admiração; e, quando ele tem admiração perante o fenômeno primitivo (*Urphänomen*), é preciso que se contente; nada de mais alto lhe pode ser concedido e ele não deve buscar nada além; seu limite está aí. Os homens, porém, habitualmente não se contentam em contemplar o fenômeno primitivo; pensam que lhes é preciso ir

---

[5] Citado por G. E. M. Anscombe, *Introduction*, p. 173.

ainda mais longe e se parecem com as crianças que, depois de se olharem no espelho, dão a volta por trás dele a fim de ver o que há do outro lado.[6]

Sentimento muito goethiano: é preciso aprender "a crer na simplicidade".

Ao filósofo é somente permitida a descrição pura do *Urphänomen*: "A filosofia coloca pura e simplesmente todas as coisas diante de nós, sem nada explicar ou deduzir. Dado que tudo está em aberto, não há nada a explicar, pois o que está escondido não nos interessa. Poder-se-ia chamar de filosofia o que é possível antes de toda descoberta e de toda invenção" (§ 126). Outra expressão da mesma concepção: "A filosofia não deve de maneira alguma tocar no uso efetivo da linguagem, ela, em última instância, pode apenas descrevê-lo. Contudo, ela não pode de maneira alguma fundá-lo. Ela deixa todas as coisas como elas são" (§ 124). A filosofia não pode então buscar normalizar, codificar, purificar ou explicar a linguagem cotidiana, pela boa razão de que a única linguagem com sentido é, precisamente, a linguagem cotidiana e que é absolutamente impossível superá-la.

O *Tractatus* possuía uma posição menos clara. Por um lado, nele se encontrava o germe dos temas das *Philosophische Untersuchungen*: "Todas as proposições de nossa linguagem cotidiana são reais de modo que são perfeitamente em ordem do ponto de vista lógico" (prop. 5.5563). Por outro, nele se encontrava a noção de linguagem ideal: a lógica representava um tipo de modelo de que a linguagem de todo dia mais ou menos se aproxima. Lia-se notadamente isto: "A linguagem disfarça o pensamento. E de tal maneira que, da forma exterior da vestimenta, não se pode chegar a uma conclusão sobre a forma do pensamento que se reveste dela; porque a forma exterior da vestimenta foi formada para muitos outros fins além de fazer conhecer a forma do corpo" (prop. 4.002). Nas *Philosophische Untersuchungen*, discutindo a noção de lógica como ciência normativa, Wittgenstein se recusa a buscar noutro lugar diferente da própria linguagem cotidiana as regras que presidem seu uso correto (§ 81-108).

---

[6] J. P. Eckermann, *Gespräche mit Göthe*. Wiesbaden, Insel-Verlag, 1955, p. 298.

A razão profunda dessa concepção é justamente o caráter insuperável da linguagem cotidiana. No *Tractatus*, a lógica constituía um *a priori* que não podia ser ultrapassado. Na última obra de Wittgenstein, são os "jogos de linguagem" que constituem, dessa vez, os limites inexpugnáveis nos quais as proposições com sentido têm lugar. Por que "jogos de linguagem"?

O próprio Wittgenstein explica seu significado:

A palavra "jogo de linguagem" pretende evidenciar o fato de que *falar* uma linguagem faz parte de uma atividade ou, ainda, de uma forma de vida. Pode-se representar a diversidade dos jogos de linguagem nos seguintes exemplos e ainda em outros: dar ordens e agir segundo ordens; descrever um objeto a partir de sua aparência ou segundo suas medidas; construir um objeto a partir de uma descrição (croqui); fazer o relato de um acontecimento; fazer suposições sobre um acontecimento; conceber e experimentar uma hipótese; apresentar os resultados de uma experiência por meio de tabelas e diagramas; criar uma história e lê-la; representar no teatro; cantar uma canção; adivinhar um enigma; fazer uma piada, contá-la; resolver um problema de aritmética; traduzir de uma língua para outra; pedir, agradecer, maldizer, cumprimentar, rezar. É interessante comparar a multiplicidade dos instrumentos da linguagem e de seus empregos, a multiplicidade dos gêneros de palavras e de proposições com que os lógicos falaram sobre a estrutura da linguagem (incluindo-se aí o autor do *Tractatus Logico-Philosophicus*) (§ 23).

Para Wittgenstein, não se compreende a linguagem em si, compreende-se tal jogo de linguagem particular, colocando a si mesmo em tal jogo de linguagem determinado, isto é, na atitude particular, no modelo de atividade, na "forma de vida". Cada jogo funciona segundo seus modos e regras próprios.

Isso quer dizer que não há um significado em si que a linguagem deveria exprimir, não há significado independente da atividade linguística do homem. O significado deve ser definido em termos de atividade, pois os jogos de linguagem são eles próprios sistemas de atividade: "Pode-se, para uma classe muito grande de casos em que se emprega a palavra "significado" – senão para todos os casos –, defini-la assim: o significado de uma palavra é seu uso na linguagem" (§ 43). Wittgenstein rejeita vigorosamente toda correspondência, termo a termo, das palavras com objetos específicos, cujo significado seria de algum modo preexistente à linguagem. Encontra em Santo Agostinho a melhor descrição da doutrina que ele recusa:

> Quando um objeto qualquer era nomeado e a palavra articulada determinava um movimento em direção a esse objeto, eu observava e retinha que a esse objeto correspondia o som que queríamos ouvir, quando queríamos designá-lo. O querer de outro era revelado a mim pelos gestos do corpo, por essa linguagem natural de todos os povos, que a expressão do rosto, o piscar dos olhos, os movimentos dos outros órgãos, o som da voz traduzem, pelos quais as impressões da alma se manifestam, conforme o que ela ordena, deseja possuir, rejeita ou busca evitar. Assim, essas palavras que ocupavam seus lugares nas diversas frases e que eu frequentemente escutava, compreendia pouco a pouco de que realidade elas eram os signos e elas me serviam para enunciar minhas vontades com uma boca já apta para formá-las (*Confissões* I, 8, 13; citado por Wittgenstein § 1).

Para Wittgenstein, essa descrição corresponde somente a um jogo de linguagem entre outros, o jogo de linguagem que consiste em aprender uma determinada língua por "definição ostensiva", isto é, fazendo corresponder sons a este ou aquele objeto que nos é mostrado. "Agostinho", diz Wittgenstein, "descreve o aprendizado da linguagem humana como se a criança já possuísse uma linguagem, mas não aquela que está aprendendo. Como se as crianças já pudessem pensar, mas ainda não falar. E pensar é aqui alguma coisa como 'falar para si mesmo'" (§ 32).

A observação de Wittgenstein é bastante justa: devemos sempre *já* supor a linguagem quando queremos dar conta do fato de que nossa linguagem tem um significado. Essa é, de outra forma, a intuição fundamental do *Tractatus*: não podemos exprimir na linguagem a expressividade da linguagem. A linguagem humana, portanto, não pode descobrir significados que lhe seriam exteriores, é a atividade linguística humana que engendra significados, diferentes segundo os sistemas, os jogos nos quais ela se organiza. Há aqui, indiscutivelmente, um movimento muito hegeliano. Com efeito, foi a propósito de Hegel que se escreveu: "A linguagem precede o pensamento, do qual ela é, todavia, a expressão ou, caso se prefira, o pensamento precede a si mesmo nessa imediaticidade. A linguagem remete apenas a ela mesma, ultrapassa-se apenas na linguagem, e é nesse sentido que se pode dizer que ela é natural".[7]

Contudo, Wittgenstein concebia esse ultrapassamento da linguagem na linguagem como uma desorganização do funcionamento normal da atividade linguística: essa atividade não deve buscar ultrapassar ou explicitar um saber que estaria contido nela; ela está completamente exposta e não pode ser ocasião para colocar qualquer problema filosófico. A única tarefa da filosofia será libertar o fundamento da linguagem cotidiana das pseudoconstruções filosóficas que a dissimulam.

Estar num jogo de linguagem é estar numa certa atitude ou num certo modo de vida (§ 19). Wittgenstein não detalha de maneira didática o que entende por forma de vida. Poder-se-ia entender o termo no sentido biológico, recordando a expressão do *Tractatus*: "A linguagem cotidiana é parte do organismo humano e não é menos complicada do que ele" (prop. 4.002). O aspecto sociológico, porém, é também muito importante. Nossa linguagem é parte integrante do *a priori* social que determina nosso comportamento, nossa maneira de viver, nossa visão do mundo, nossas atitudes cotidianas. Não podemos ir além dela: "O que deve ser aceito, o que está dado – poder-se-ia dizer – são *formas de vida*" (p. 226). As formas de vida serão irredutíveis e os jogos de linguagem que correspondem a elas serão igualmente irredutíveis uns aos outros. Não sei se Wittgenstein pensa aqui nas doutrinas do relativismo linguístico como as de B. L. Whorf,[8] para quem cada língua particular constitui um sistema que determina inexoravelmente as formas de pensamento, segundo leis das quais o indivíduo é inconsciente. Assim são pré-ordenadas as formas e as categorias

---

[7] J. Hyppolite, *Logique et Existence*. Paris, PUF, 1953, p. 38.
[8] B. L. Whorf, *Language, Thought and Reality, Selected Writings*. Massachusetts Institute of Technology, 1956.

pelas quais o indivíduo se comunica com os outros, analisa o universo, notando ou negligenciando este ou aquele aspecto do universo e, em última instância, constrói sua própria consciência de si. De maneira geral, Wittgenstein parece pouco sensível às lições da linguística comparada. Elas seriam capazes, no entanto, de enriquecer sua doutrina dos jogos de linguagem. Entretanto, relembremos, Wittgenstein não pretende nos fornecer uma filosofia da linguagem: pretende simplesmente nos fazer redescobrir o *Urphänomen* da linguagem cotidiana.

É provavelmente pela mesma razão que ele não toma posição acerca das "sociologias do saber", como a de Max Scheler, que constata como os *a priori* subjetivos diferem segundo os grupos e as épocas históricas: há uma relação determinada entre a estrutura do conhecimento e a forma de unidade social dada.[9] A noção de forma de vida, em Wittgenstein, poderia ser esclarecida com ajuda dessas considerações.

Para dizer a verdade, porém, Wittgenstein está atento antes de tudo ao funcionamento concreto do instrumento linguístico: a noção de jogo de linguagem lhe permite, sobretudo, conceber o significado como utilização de um instrumento neste ou naquele sistema de atividade determinada. Do mesmo modo, compreender uma proposição não consistirá em referir-se a um significado pré-existente e conhecido diretamente pelo "pensamento". Será preciso antes pensar em um tipo de percepção imediata de uma estrutura ou em uma reação de comportamento ligada a um estímulo determinado: "O ato de compreender uma proposição da linguagem está muito mais aparentado do que se crê ao ato de compreender um tema musical. Eis o que quero dizer: o ato de compreender uma frase linguística está muito mais próximo do que se crê ao que habitualmente se chama de compreender um tema musical (§ 527)". Uma grande parte das observações que constituem as *Philosophische Untersuchungen* foi dedicada ao problema da expressão da experiência interior. Nós realmente podemos exprimir nossas sensações, nossos sentimentos, nossos estados interiores? Não,

---

[9] Max Scheler, *Soziologie des Wissens*, p. 47-58.

responde decididamente Wittgenstein. Todos os diferentes jogos de linguagem nos quais podemos somente formular proposições com sentido se relacionam a uma atitude e a uma forma de vida coletivas: não há linguagem privada; a linguagem que empregamos para falar com nós mesmos não é diferente da linguagem coletiva. Gritar por causa do sofrimento é um comportamento instintivo; dizer: 'eu sofro' é um outro comportamento, dessa vez linguístico e, portanto, coletivo, mas que nada exprime do sofrimento: "Você quer dizer que a palavra "sofrimento" significa realmente o grito de sofrimento? Ao contrário: a expressão verbal do sofrimento substitui o grito, mas não o descreve (§ 244)". Dito de outro modo, exprimimos nossos estados interiores com termos de linguagem pública, objetiva, social: exprimir o sofrimento é jogar um certo jogo social para conquistar a simpatia, a ajuda ou a compreensão. Contudo, o estado interior enquanto tal permanece inexpresso. Segundo o método de Wittgenstein, trata-se aqui de uma questão de gramática, de uso normal do jogo de linguagem que consiste em afirmar que experimentamos um sentimento:

> Se digo acerca de mim mesmo que somente sei o que significa a palavra "sofrimento" a partir de minha experiência – não devo dizer o mesmo a propósito das outras? E como posso eu generalizar um único caso de maneira tão irrefletida? Agora, alguém me diz que só conhece o que é o sofrimento a partir de sua própria experiência! – Suponhamos que cada um tenha uma pequena caixa e que haja na caixa alguma coisa que chamamos de "escaravelho". Ninguém pode olhar dentro da caixa do outro e cada um imagina conhecer o que é um escaravelho apenas olhando seu próprio escaravelho. – Contudo, seria possível que cada um tivesse uma outra coisa na sua pequena caixa. Poder-se-ia imaginar que uma tal coisa se metamorfoseie constantemente. – Supomos então que a palavra "escaravelho" tenha, contudo, um sentido específico para essas pessoas? – Se fosse assim, ela não seria utilizada como um nome de coisa. *A coisa na caixa não pertence de modo algum ao jogo de linguagem*, nem mesmo como "alguma coisa", pois a caixa poderia até estar completamente vazia. Não, graças a essa coisa na caixa, pode-se tomar uma espécie de atalho, mas

o que ela é desaparece completamente. Isso quer dizer: *caso se construa a gramática da expressão de um sentimento sobre o modelo "objeto e descrição", então o próprio objeto fica fora de consideração, como sendo sem interesse para ela* (§ 293).

Wittgenstein pretende dizer: a expressão de uma emoção ou de um sentimento é um jogo de linguagem diferente da descrição de um objeto. Os termos "objeto físico" e "sentimento" são gramaticalmente diferentes: eles fazem parte de jogos de linguagem diferentes. O que tem sentido do ponto de vista de um jogo de linguagem que consiste em exprimir um sentimento desaparece no jogo de linguagem da consideração objetiva.

Esse exemplo ilustra a importante noção de jogo de linguagem para Wittgenstein. Ele próprio destaca:

> Certamente vocês admitirão que há uma diferença entre um comportamento de sofrimento efetivamente acompanhado de sofrimento e um comportamento de sofrimento que não é acompanhado de um sofrimento real. – Vocês admitem isso? Contudo, que diferença pode ser maior! – E, todavia, vocês voltam sem cessar à conclusão de que o sentimento é um nada. – De modo algum. Ele não é *alguma coisa*, mas tampouco é um *nada*. A conclusão era somente a seguinte: um nada prestaria os mesmos serviços que alguma coisa, *onde nada pode ser dito*. Rejeitaríamos somente a gramática que quisesse se impor a nós. O paradoxo desaparece apenas se rompermos radicalmente com a ideia de que a linguagem funcionaria somente com um único objetivo: traduzir pensamentos, sejam pensamentos sobre casas, sofrimentos, o bem e o mal, ou o que quer que seja (§ 304).

O absolutamente inexprimível do *Tractatus* torna-se assim relativo a este ou aquele jogo de linguagem determinado. Nós nos chocamos com o inexprimível quando queremos transpor a gramática de um jogo de linguagem numa outra. É preciso respeitar a gramática de cada jogo de linguagem, falar dos sentimentos como sentimentos, objetos como objetos, reconhecer os limites insuperáveis que se impõem a nós no interior de cada jogo de linguagem dado.

Recentemente foram publicadas outras obras de Wittgenstein: as *Remarks on the Foundations of Mathematics* e *The Blue and Brown Books*.[10] Essas obras não têm o caráter fundamental das *Philosophische Untersuchungen*. Notadamente *The Blue and Brown Books* constituem apenas observações destinadas a preparar a última grande obra de Wittgenstein. São notas de aulas ou de textos ditados a alunos e seu título provém da cor da capa do manuscrito. Compostos em 1933-1935, eles marcam claramente a transformação do pensamento de Wittgenstein que acabaria resultando nas *Philosophische Untersuchungen*. Eles são, pois, indispensáveis para quem pretende formular uma ideia precisa da evolução do filósofo. Notadamente, vê-se como ele começou a usar a noção de jogo de linguagem para lançar luz na ilusão inerente aos problemas postos pela linguagem filosófica. No prefácio que fez para os *Blue and Brown Books*, R. Rhees destaca de maneira interessante os pontos que ainda não estão clarificados e o progresso que as *Philosophische Untersuchungen* trazem.

As *Remarks on the Foundations of Mathematics* correspondem a um esforço para compreender o funcionamento do jogo de linguagem matemático sem fazer apelo a nada além de nossa atividade linguística ligada à *praxis* cotidiana: "Os conceitos matemáticos correspondem a uma maneira particular de usá-los nas situações".[11] Inventamos as verdades matemáticas, como figuras gerais, capazes de nos permitir resolver problemas concretos.[12] A necessidade matemática é, em última instância, gramatical: $2 + 2 = 4$ corresponde ao que se chama adição e não é uma verdade que se impõe, a menos que se jogue o jogo de linguagem da adição.

A filosofia "terapêutica" de Wittgenstein pretende, portanto, curar-nos da inquietude metafísica conduzindo-nos aos

---

[10] Wittgenstein, *Remarks on the Foundations of Mathematics*. Eds. G. H. von Wright, R. Rhees e G. E. M. Anscombe. Oxford, Oxford University Press, 1956. *The Blue and Brown Books*. Ed. R. Rhees. Oxford, Oxford University Press, 1958. [Em português: *O Livro Azul*. Trad. Jorge Mendes. Lisboa, Ed. 70, 1992. *O Livro Castanho*. Trad. Jorge Marques. Lisboa, Ed. 70, 1992.]

[11] *Remarks on the Foundations of Mathematics*, V, 46.

[12] Ibidem, I, 70-80.

Urphänomen, à atividade linguística cotidiana, na diversidade irredutível de seus jogos de linguagem, isto é, de nossas atitudes e de nossas formas de vida: não há uma linguagem, expressão de um pensamento capaz de conceber significados que preexistiriam à linguagem; há somente a diversidade irredutível do falar humano: exprimir um sentimento não consiste em descrever um objeto; cantar, rezar, fazer teatro, tantas atitudes que determinam uma gramática própria.

Não há problema. Tudo está aberto diante de nós, não há nada a explicar (§ 126). A nova filosofia de Wittgenstein não teria nada a fazer se não houvesse as filosofias tradicionais que dissimulam, com seu uso aberrante da linguagem, o verdadeiro fundamento da linguagem.

Encontra-se nas *Philosophische Untersuchungen* um paradoxo análogo àquele do *Tractatus*. As proposições que constituem o *Tractatus* estavam, em última instância, desprovidas de sentido porque se referiam à própria linguagem e não aos fatos do mundo. A filosofia das *Philosophische Untersuchungen* não é um jogo de linguagem entre outros; ela pretende realizar uma descrição pura do funcionamento dos jogos de linguagem a fim de mostrar que papel uma determinada expressão, que parece colocar um problema filosófico, desempenha no jogo de linguagem em que é empregada: descobrir seu uso, nesse jogo de linguagem, será descobrir seu significado. Contudo, pode-se perguntar então a que jogo de linguagem pertencem as expressões "atitude", "forma de vida", "jogo de linguagem", utilizadas pelo próprio Wittgenstein e, se elas não pertencem a um jogo de linguagem definido, que sentido podem ter. Seremos obrigados a reconhecer que Wittgenstein nos propõe uma doutrina que concerne à linguagem e que essa filosofia da linguagem corre o risco de se introduzir a si mesma nos jogos de linguagem, modificando seu funcionamento.

Diria isso de outro modo: afirmar que a linguagem cotidiana está "aberta diante de nós", que ela não coloca problemas, que basta reconhecer que jogo de linguagem é jogado para fazer desaparecer todo problema filosófico, em uma palavra, renunciar à busca por uma explicação perante o fenômeno primitivo dos jogos de linguagem, é de fato assumir uma atitude, determinar uma nova forma de vida, inventar um novo jogo de linguagem. Nada de mais afastado do funcionamento normal da linguagem cotidiana do que essa descrição "pura" da linguagem por si mesma, essa tomada de consciência das gramáticas próprias aos jogos de linguagem. Não é mais o *falar*, espontâneo e de algum modo inconsciente, é um *falar do falar*, que instaura no seio da linguagem uma reflexão suscetível de engendrar um movimento dialético sem limites. Pode-se perguntar, portanto, se é possível considerar a linguagem cotidiana como um *Urphänomen*. Sem dúvida, Wittgenstein teve o mérito incontestável de revelar à filosofia que sua linguagem era, de algum modo, um parasita da linguagem cotidiana: extraindo dela suas certezas, suas evidências, suas estruturas, em uma palavra, nutrindo-se dela, a linguagem filosófica esquece a relação fundamental que mantém com a linguagem cotidiana; além disso, ela dissimula e asfixia esta outra. Contudo, quando a filosofia, seguindo a terapêutica que Wittgenstein lhe propõe, reconhece o fundamento do qual se nutre e tenta se ater a uma pura admiração perante o fenômeno primitivo dos jogos de linguagem, ela percebe então o insuperável desdobramento que a separa do dado bruto da linguagem cotidiana: imediatamente ela se descobre como parasita; agora ela falaria sobretudo de simbiose. Ou, antes, renunciaria a exprimir por uma metáfora a propriedade incomparável que a linguagem tem de poder dar significado a si mesma e de se referir a si mesma. Assim, é absolutamente impossível eludir o fato de que é pela *linguagem filosófica* que o homem pode voltar ao *fenômeno primitivo da linguagem cotidiana* e reconhecer então, talvez, que "o ser do homem se revela como linguagem".[13]

---

[13] Éric Weil, *Logique de la Philosophie*, p. 420. Observar, p. 426, a fórmula: "O homem se compreende pelo discurso (= linguagem filosófica) como fonte não discursiva deste, como linguagem". [Em português: *Lógica da Filosofia*. Trad. Lara Cristina de Malimpensa. São Paulo, É Realizações, 2012.]

JOGOS DE LINGUAGEM E FILOSOFIA[1]

A denúncia das contradições dos filósofos é um velho tema filosófico. Isso nunca impediu os filósofos de continuar a filosofar, mas seguidamente os incitou a propor uma filosofia que põe fim à filosofia, da maneira mais filosófica do mundo. E essas tentativas, que, teoricamente, deveriam ter levado a doença com o doente, sempre tiveram por resultado dar ao doente uma nova juventude. Descartes queria pôr fim às contradições dos filósofos propondo um método que, resolvendo rapidamente as dificuldades especulativas, deixaria o espírito livre para se consagrar aos problemas práticos e nos permitiria assim "tornar-nos como que mestres e possuidores da natureza".[2] E, no entanto, da filosofia cartesiana nasceriam as de Malebranche e de Espinosa. Os *Prolegômenos a Toda Metafísica Futura* não tardariam a ser seguidos por uma floração nunca igualada de construções metafísicas, dentre as quais a filosofia de Hegel se apresenta ainda uma vez como um fim da filosofia. Não falarei de Marx, de Nietzsche, de Heidegger.

---

[1] Publicado na *Revue de Métaphysique et de Morale*, 67, 1962, p. 330-43.

[2] Descartes, *Discours de la Méthode*, VIe partie, introduction et commentaire É. Gilson (ed.), p. 62, 7. Cf. a carta a Elisabeth, 28 de junho de 1643, AT, t. III, p. 690: "Como acredito que é muito necessário compreender bem uma vez na vida os princípios da metafísica... também acredito que seria muito prejudicial ocupar o entendimento seguidamente em meditar sobre eles". [Em português: *O Discurso do Método: Para Bem Conduzir a Própria Razão e Procurar a Verdade nas Ciências*. Trad. Thereza Christina Stummer. São Paulo, Paulus, 2002.]

O mesmo fenômeno parece se reproduzir atualmente com Wittgenstein. Aos 29 anos, em 1918, no início do seu *Tractatus Logico-Philosophicus*, ele escrevia:

> Meu livro trata dos problemas filosóficos e mostra, penso eu, que a formulação desses problemas repousa sobre um mau conhecimento da lógica de nossa linguagem. Poder-se-ia resumir todo o sentido deste livro nestes termos: o que se pode dizer pode se dizer claramente; e acerca do que não se pode falar deve-se calar [...] Penso que a verdade das ideias aqui expostas é inatacável e definitiva. Penso, portanto, quanto ao essencial, ter resolvido os problemas.[3]

No entanto, em 1945, o prefácio das suas *Investigações Filosóficas*[4] reconhecia graves erros em sua obra de juventude e a nova obra retomava em bases diferentes o aniquilamento filosófico da filosofia. Não penso que, mais que o primeiro desses livros, o segundo ponha fim à filosofia, mas me parece que a crítica da filosofia por Wittgenstein pode ajudar a filosofia a compreender suas próprias contradições. Gostaria, então, de expor primeiro a noção de "jogo de linguagem" que Wittgenstein desenvolve a fim de mostrar que os problemas filosóficos surgem da confusão entre "jogos de linguagem" diferentes. Gostaria de mostrar em seguida que, retomada em uma perspectiva histórica que, aliás, Wittgenstein desconhece totalmente, a noção de jogo de linguagem permite à filosofia compreender certos aspectos da sua própria história e, por conseguinte, compreender melhor a si mesma.

No *Tractatus Logico-Philosophicus*, as questões e as proposições da filosofia aparecem como contrassensos, porque supõem a ignorância da lógica da linguagem. Elas provinham de uma reificação de puras funções lógicas, tais como a função de objeto,

---

[3] Wittgenstein, *Tractatus Logico-Philosophicus*. Londres, 7. ed., 1958. Trad. fr. P. Klossowski. Paris, NRF, 1961, p. 27-28. [Em português: *Tractatus Logico-Philosophicus*. 3. ed. Trad. L. H. Lopes dos Santos. São Paulo, Edusp, 2001.]

[4] Wittgenstein, *Philosophische Untersuchungen*, texto alemão e trad. inglesa. G. E. M. Anscombe, Oxford, 1953, p. IX-X; trad. fr. Klossowski. Paris, NRF, 1961, p. 111-13. O texto das *Investigações Filosóficas* é dividido em parágrafos numerados; as referências entre parênteses designarão o número do parágrafo. [Em português: *Investigações Filosóficas*. Trad. José Carlos Bruni. São Paulo, Nova Cultural, 1999 (col. Os Pensadores).]

certeza, possibilidade; elas correspondiam a uma tendência que conduzia o filósofo a representar o irrepresentável, isto é, a forma lógica.[5] Mas o *Tractatus* supunha que a lógica representava, em relação à linguagem cotidiana, uma linguagem ideal. As *Investigações Filosóficas* renunciam a essa noção de linguagem ideal. Se então, para o *Tractatus*, o erro da filosofia consistia em querer ir, por assim dizer, além da lógica, para as *Investigações Filosóficas*, o erro da filosofia consiste em querer ir além da linguagem cotidiana. A linguagem cotidiana não foi ultrapassada: "Nosso erro consiste em buscar uma explicação onde deveríamos ver os fatos como fenômeno primitivo (*Urphänomen*), isto é, onde deveríamos simplesmente dizer: tal jogo de linguagem é jogado" (§ 654).

Portanto, a linguagem cotidiana é insuperável. Fazendo alusão às pesquisas que havia realizado no *Tractatus* para definir a forma geral de toda proposição, Wittgenstein, em suas *Investigações*, cita e comenta assim sua primeira obra (*Tractatus*, 4.5):

> A forma geral da proposição é: "É assim e assim". – Esta é uma proposição do gênero daquelas que se repetem ao infinito. Acredita-se seguir sem cessar o curso da natureza, enquanto só se faz ladear a forma através da qual a contemplamos (§ 114). – Uma imagem nos prendia. E nós não podíamos sair dela, pois ela residia na nossa linguagem, que parecia apenas repeti-la de modo inexorável (§ 115).

Quase todo o livro de Wittgenstein é consagrado à descrição desse fenômeno primitivo que são os jogos de linguagem. A bem dizer, as notas de Wittgenstein têm algo de desconcertante. Ele dá uma abundância de detalhes bastante fastidiosos para descrever jogos de linguagem elementares e artificiais sem propor nem uma lista exaustiva, nem uma definição clara, nem uma teoria sistemática dos "jogos de linguagem". Mas parece que a recusa de sistematizar é, por assim dizer, sistemática. Para Wittgenstein, com efeito, a única filosofia possível é aquela que não acrescenta nada aos jogos de linguagem: "A filosofia não deve de nenhuma maneira tocar no uso efetivo da linguagem; ela, em última instância, pode

---

[5] Cf. P. Hadot, "Wittgenstein, Philosophe du Langage", I, em *Critique*, n. 149, out. 1959, p. 873-74, e II, *Critique*, n. 150, nov. 1959, p. 973 ss.

apenas descrevê-lo. Ela deixa todas as coisas como são" (§ 124). A filosofia deve então permanecer no nível da nossa linguagem cotidiana: "É claro que cada frase da nossa linguagem 'está em ordem, tal como está'. Isto é, não aspiramos a um ideal: como se nossas frases comuns e vagas não tivessem um sentido absolutamente correto e nos coubesse construir uma linguagem perfeita" (§ 98). Se a noção de "jogo de linguagem" permanece vaga, é preciso aceitar essa inexatidão: na vida cotidiana, nos entendemos muito bem acerca da noção de jogo, sem lhe dar uma definição metafísica: "Mas se o conceito 'jogo' é, nesse sentido, não delimitado, você não sabe, em suma, o que entende por 'jogo'. – Se faço a descrição seguinte: 'O solo estava inteiramente coberto de plantas', você dirá que eu sou ignorante acerca do que falo enquanto não puder dar uma definição da planta?" (§ 70). Wittgenstein responde então à objeção dizendo: você sabe o que é um jogo porque você fala disso. Inexato não quer dizer inutilizável. Aliás, a noção de exatidão só tem sentido em relação a uma situação determinada. À primeira leitura, tais afirmações podem parecer desenvoltas. Mas digamos, por ora, que Wittgenstein tem a coragem de fazer, dizendo-o, o que outros fazem sem nada dizer.

Eis então as indicações que ele nos dá sobre a noção de "jogo de linguagem":

> A expressão "jogo de linguagem" deve evidenciar aqui que o *falar* da linguagem faz parte de uma atividade ou de uma forma de vida. Pode-se representar a multiplicidade dos jogos de linguagem por meio dos seguintes exemplos: comandar e agir segundo comandos; descrever um objeto a partir do seu aspecto ou a partir de medidas tomadas; construir um objeto a partir de uma descrição (desenho); relatar um acontecimento; fazer conjecturas sobre um acontecimento; formar uma hipótese e examiná-la; representar os resultados de uma experiência por meio de tabelas e diagramas; criar uma história e ler; representar no teatro; cantar cirandas; adivinhar enigmas; fazer uma piada, contar; resolver um problema de aritmética prática; traduzir de uma língua para outra; solicitar, agradecer, maldizer, cumprimentar, rezar (§ 23).

Wittgenstein dá alguns exemplos destinados a ilustrar o funcionamento desses jogos. Trata-se, para ele, de mostrar que os problemas filosóficos nascem da ignorância dessa diversidade de funcionamento do falar humano: os filósofos notadamente têm tendência a conceber toda atividade linguística como uma atividade de denominação ou designação de objetos. Wittgenstein se compraz então em imaginar, por exemplo, um jogo de linguagem que consiste em comandar e agir segundo um comando. Um personagem A diz a um personagem B: Laje!, designando para ele um lugar enquanto para B trata-se de levar uma laje a este lugar. O importante para Wittgenstein é que a palavra laje não designa um objeto, mas constitui um comando. Do mesmo modo que, para o *Tractatus*, o filósofo era conduzido a problemas insolúveis porque fazia corresponder objetos àquilo que era apenas a forma lógica das proposições, também, segundo as *Investigações Filosóficas*, dificuldades filosóficas insolúveis resultam do fato que se faz corresponder objetos a termos pertencentes a jogos de linguagem que não comportam denominações de objetos. Sobretudo o jogo de linguagem graças ao qual falamos de nossa experiência íntima é fonte de confusão. Com efeito, o jogo de linguagem que consiste em falar dos nossos sentimentos, das nossas sensações, dos nossos sofrimentos não consiste em exprimir uma experiência interior, pois esta, sendo interior e individual, é estritamente inexprimível, incomunicável e indescritível. Dizer nosso sofrimento é jogar um jogo de linguagem, isto é, tomar uma atitude que só tem sentido na sociedade para atrair a simpatia, a ajuda ou a compreensão. Wittgenstein encontra aqui uma ideia hegeliana que Brice Parain valoriza muito em suas *Recherches sur la Nature et les Fonctions du Langage*, quando escreve:

> Tenho fome. Sou eu que digo: tenho fome; mas não sou eu que escuto. Desapareci entre esses dois momentos da minha fala. Tão logo a pronunciei, só resta de mim o homem que tem fome e esse homem pertence a todos, porque as palavras pertencem a todos. Não sou mais que meu discurso, que minha definição do momento, que minha determinação atual. Com eles, entrei na ordem do impessoal, isto é, na via do universal.[6]

---

[6] B. Parain, *Recherches sur la Nature et les Fonctions du Langage*. Paris, Gallimard, 1942, p. 172.

O que interessa a Wittgenstein, porém, é o fato de que esse jogo de linguagem, precisamente porque não pode exprimir meu sofrimento ou minha sensação, enquanto pessoal, não é verdadeiramente uma expressão, a tradução de um pensamento. Não há um objeto interior que corresponderia à expressão linguística, o que, propriamente, lhe corresponde é inexprimível e não faz parte do jogo de linguagem: "O paradoxo (concernente à expressão dos sentimentos) desaparece apenas quando rompemos radicalmente com a ideia de que a linguagem funciona sempre apenas de uma única maneira e sempre com o mesmo objetivo que seria: traduzir pensamentos – sejam eles concernentes a casas, a dores, ao bem, ao mal ou ao que quer que seja" (§ 304).

Essa é então, brevemente resumida, a intenção geral das *Investigações Filosóficas*. Como já disse alhures, sua principal fraqueza me parece ser sua pretensão de nada acrescentar aos jogos de linguagem que ela define. O próprio fato de reconhecer a diversidade dos jogos de linguagem, o próprio fato de considerar a linguagem cotidiana um fenômeno original, constitui um percurso, supõe uma atitude, inventa um jogo de linguagem diferente dos outros. É apenas em um jogo de linguagem "filosófico" que se pode falar da linguagem cotidiana como de um "fenômeno original". Mas creio precisamente que o mérito de Wittgenstein consiste em nos fazer entrever que filosofamos "na" linguagem, em "uma" linguagem e em um "jogo" de linguagem.

Filosofamos "na" linguagem. Esse tema foi ricamente desenvolvido na filosofia moderna e não tenho pretensão de apresentá-lo melhor que Brice Parain, Merleau-Ponty ou Heidegger. Gostaria somente de reunir aqui algumas notas sobre esse tema. Começaria por citar um texto de Merleau-Ponty:

> Leio a *Segunda Meditação* (de Descartes). Certamente sou eu a questão aí, mas um eu em ideia que não é propriamente nem o meu, nem o de Descartes, aliás, mas o de todo homem que reflete. Seguindo o sentido das palavras e o lugar das ideias, chego à conclusão de que, de fato, porque penso, eu sou, mas este é um *Cogito* a partir da palavra, apreendi meu pensamento e minha

existência somente por intermédio da linguagem e a verdadeira fórmula desse *Cogito* seria: "se pensa, se é". A maravilha da linguagem é que ela se faz esquecer: sigo com os olhos as linhas no papel, a partir do momento em que sou tomado pelo que elas significam, não as vejo mais. A expressão se apaga diante do que é expresso e por isso seu papel mediador pode passar despercebido, por isso Descartes não a menciona em lugar algum. Descartes e com mais razão seu leitor começam a meditar em um universo já falante. A certeza que temos de alcançar, para além da expressão, uma verdade separável dela e da qual ela é apenas a vestimenta e a manifestação contingente, foi justamente a linguagem que a instalou em nós. Ela só parece ser signo simples quando forneceu um significado, e a tomada de consciência, para ser completa, deve reencontrar a unidade expressiva onde aparecem primeiro signos e significados.[7]

Brice Parain já havia dito: "Não é o objeto que dá seu significado ao signo, mas o signo que nos obriga a figurar um objeto a partir do seu significado".[8] Isso quer dizer, nos dois casos, que a própria linguagem nos dá a ilusão de ser um sistema de signos intermediário entre nosso pensamento e os objetos. Descobrimos essa ilusão quando nos apercebemos de que não podemos alcançar nem nosso "pensamento", nem os "objetos" sem a linguagem. É então ao se chocar com os limites da linguagem que o filósofo descobre que filosofa "na" linguagem e que ela se impõe a ele como uma estrutura insuperável.

Um desses limites é descoberto na impossibilidade de colocar um começo absoluto à reflexão filosófica e de realizar, seja uma análise, seja uma dedução, absolutamente totais. Em seu tratado *Do Espírito Geométrico*, Pascal nos faz compreender bem isso: "Assim, avançando cada vez mais a pesquisa, chega-se necessariamente a palavras primitivas que não podemos definir e a princípios tão claros que não encontramos outros que sejam mais claros do que eles para servir como prova. Donde parece que os homens

---

[7] M. Merleau-Ponty, *Phénomenologie de la Perception*. Paris, Gallimard, 1945, p. 459. [Em português: *Fenomenologia da Percepção*. Trad. Carlos Alberto Ribeiro de Moura. São Paulo, Martins Fontes, 2006.]

[8] B. Parain, op. cit., p. 73.

estão em uma impotência natural e imutável para tratar qualquer ciência que seja em uma ordem absolutamente perfeita".[9] A confissão de Pascal é grave e, parece-me, indiscutível. Ele nos obriga a reconhecer que toda filosofia deve se apoiar, em última análise, sobre noções comuns (objetos de definições enoemáticas, diriam os estoicos), que só parecem claras na medida em que permanecem confusas e indeterminadas. Compreendemos melhor por que Wittgenstein se resignava a propor apenas uma noção de "jogo de linguagem" fluida e, de algum modo, inexata. Em uma obra como a *Ética* de Espinosa, que pretende progredir *more geometrico*, as primeiras linhas introduzem, sem defini-los, os termos "causa", "essência", "existência", "natureza", "coisa", "gênero", "corpo" e "pensamento". E mesmo os termos expressamente definidos, como "substância", por exemplo, mantêm algo de obscuro e uma multiplicidade potencial de significados que permite, aliás, utilizá-los. A importância do pensamento "confuso", que É. Dupréel[10] já havia assinalado, exigiria um estudo específico.

Em um domínio bastante próximo, uma pesquisa interessante foi realizada por H. Blumenberg em seus *Paradigmas para uma Metaforologia*. Após ter constatado que a língua da filosofia nunca é puramente conceitual, que obedece também a uma espécie de "lógica da fantasia", ele descobre que existe, na língua filosófica, o que chama de metáforas absolutas, isto é, metáforas que não podem simplesmente ser conceituadas e não podem sequer ser substituídas por outra.[11] Ao lado da história das noções, pode-se então fazer uma história das metáforas absolutas, que determinam toda uma representação. O próprio H. Blumenberg esboça uma história das metáforas absolutas relacionadas à verdade: "a força invencível da verdade", "a verdade toda nua", ou à verossimilhança, e examina também nessa perspectiva as metáforas modernas de terras desconhecidas ou do mundo inacabado.

---

[9] Pascal, *De l'Esprit Géométrique*. Ed. Brunschvicg, p. 167. [Em português: *Do Espírito Geométrico e Outros Textos; Pensamentos*. Trad. Antonio Geraldo da Silva. São Paulo, Escala, 2006.]

[10] E. Dupréel, "La Pensée Confuse", em *Annales de l'École des Hautes Études de Gand*, t. III, Gand, 1939, p. 17-27. Reproduzido em *Essais Pluralistes*. Paris, PUF, 1949.

[11] H. Blumenberg, *Paradigmen zu einer Metaphorologie*. Bonn, Suhrkamp, 1960, p. 9 e 19-20.

Essas metáforas irredutíveis e essas noções indefiníveis significam para nós que não há "filosofia pura", mas que todo filósofo inconscientemente toma de empréstimo à linguagem cotidiana suas certezas, suas evidências e suas estruturas.

Se refletirmos sobre a compreensão, somos levados também a descobrir trajetórias irredutíveis ao pensamento conceitual. O próprio Wittgenstein faz esta curiosa observação: "A compreensão de uma frase da linguagem é mais próxima do que pensamos daquilo que chamamos habitualmente a compreensão de um tema musical" (§ 527). Wittgenstein alude aqui ao fato de que percebemos certas frases musicais como conclusões ou parênteses. Isso quer dizer que a música, que não é signo de nada, possui uma potência de significado própria, e isso quer dizer igualmente que a própria linguagem possui essa potência de significado próprio, mesmo que não se possa analisá-la em ideias distintas correspondendo a objetos distintos. Aimé Patri cita, legitimamente, a propósito do parágrafo 693 das *Investigações Filosóficas*, este texto do *Alcifrão* de Berkeley:

> Donde, parece, resulta que as palavras não podem estar desprovidas de sentido mesmo que cada vez que sejam usadas elas não despertem nas nossas inteligências as ideias que significam. Pois basta que tenhamos o poder de substituir as coisas e as ideias por seus signos quando é o caso. Resulta daí também, parece, que se podem empregar as palavras de outro modo ainda, além de marcar e sugerir ideias distintas, a saber para influenciar nossa conduta e nossas ações; o que se pode fazer seja estabelecendo regras para dirigir as ações, seja despertando em nossos espíritos certas paixões, disposições e emoções. Os discursos que dirigem então nossa maneira de agir ou que levam a realizar ou a evitar uma ação podem ser, parece, úteis e significativos, mesmo que cada uma das palavras das quais se compõem não traga ideia distinta às nossas inteligências.[12]

Admitir que tal modo de compreensão seja possível é admitir que as palavras tenham em si mesmas seu sentido sem ser enunciados conceituais. E é um preconceito intelectualista

---

[12] Em A. Leroy, *Œuvres Choisies de Berkeley*, t. II. Paris, PUF, 1985, p. 226-27.

limitar ao domínio ético, como Berkeley faz aqui, esse modo de funcionamento da linguagem, pois retornamos aqui ao problema do começo absoluto: seria necessário estar "fora da linguagem" para poder fazer corresponder a cada palavra uma ideia distinta. "Essa concepção da linguagem (como um sistema de signos), diz muito bem W. F. Otto,[13] repousa sobre a ideia ingênua de que haveria coisas em si e por si, e que a linguagem nada teria a fazer senão designá-las para fixá-las na memória e poder comunicá-las aos outros. Mas, na realidade, há coisas apenas para o pensamento falante. A linguagem não as designa, mas elas aparecem nela. O ouvinte não percebe então um signo que visaria uma coisa, mas percebe a própria coisa, porque a linguagem é apenas o modo segundo o qual as coisas se apresentam". Há uma grande diferença entre a palavra e o signo. Na realidade, a linguagem "não diz nada além de si mesma", "seu sentido não é separável dela".[14]

Devemos reconhecer que ela se impõe ao filósofo como estrutura insuperável e que nos chocamos aqui, como diz Wittgenstein, com um fenômeno original. E, como dizia Goethe, o ponto supremo ao qual o homem pode chegar é o espanto diante do fenômeno original: "Nada de mais elevado lhe pode ser concedido e ele não deve buscar mais longe, este é seu limite".[15] Mas, a partir daí, podem-se compreender muitas coisas.

Filosofamos em "uma" linguagem, simplesmente porque pensamos em uma língua. Frequentemente também esquecemos isso e somos como o diplomata francês de que fala Wittgenstein, que dizia ser uma singularidade da língua francesa que as palavras nela se encontrem na ordem em que as pensamos (§ 336). Com efeito, a ordem do pensamento é uma ordem relativa a um determinado sistema linguístico. As diferentes línguas constituem

---

[13] Citado por F.-G. Jünger, "Wort und Zeichen", na coletânea *Die Sprache*. Darmstadt, 1959, p. 72.
[14] M. Merleau-Ponty, *Phénoménologie de la Perception*, p. 219. Todo o capítulo sobre "o corpo como expressão e a palavra" descreve de modo excelente a linguagem como fenômeno original.
[15] J. P. Eckermann, *Gespräche mit Goethe*. Wiesbaden, Insel-Verlag, 1955, p. 298.

sistemas que predeterminam as formas e as categorias pelas quais o indivíduo comunica-se com os outros, analisa o mundo, observando ou negligenciando tal ou qual aspecto do universo, e finalmente constrói sua própria consciência de si. Tal é o princípio do relativismo linguístico, enunciado recentemente por B. L. Whorf.[16] Desde o século XVIII, esse princípio fora entrevisto, na França, por Court de Gébelin e por Fabre d'Olivet; na Alemanha, por Herder, depois por W. von Humboldt. Citemos, apenas para ilustrar esse movimento, esta página de Goethe, tirada da sua *História da Teoria das Cores*:

> Como teria sido diferente o aspecto científico do universo se a língua grega tivesse permanecido viva e se difundido no lugar da língua latina [...] O grego é muito mais ingênuo, muito mais adequado a uma exposição natural, luminoso, inteligente, estético. Essa maneira de falar por verbos, sobretudo com particípios e infinitivos, torna cada expressão leve; propriamente falando, nada é determinado, imobilizado, fixado pela palavra; é somente uma alusão que evoca o objeto na imaginação. Ao contrário, a língua latina, utilizando substantivos, decide e comanda. O conceito é solidamente catalogado na palavra, ele se solidifica na palavra com a qual se pode, imediatamente, se comportar como se fosse um ser real.[17]

A linguística moderna, que se tornou uma ciência, permite-nos especificar esses modelos linguísticos que dominam nosso pensamento. O próprio B. L. Whorf[18] reconstituiu, por exemplo, o modelo de universo que corresponde à língua dos hopis, tribo indígena da América do Norte. Ele mostrou qual organização da experiência correspondia a esse modelo. A língua dos hopis, por exemplo, distingue entre dois aspectos do universo: o manifesto (que pode ser passado ou presente) e o que está se manifestando (que é, sobretudo, futuro e se encontra no coração, seja dos homens, seja das coisas, seja do Cosmos). Pode-se citar ainda como

---

[16] B. L. Whorf, *Language, Thought and Reality*. Massachusetts Institute of Technology, 1956.

[17] Goethe, *Geschichte der Farbenlehre*. Jubil. Augs., XL, p. 177; citado por J. Stenzel, *Kleine Schriften zur griechschen Philosophie*, p. 74.

[18] B. L. Whorf, op. cit., p. 59.

exemplo um estudo de H. Hartmann[19] sobre a estrutura das línguas indo-germânicas: ele salienta que o sistema da língua grega é, em todo esse grupo de línguas, o que opõe mais fortemente o sujeito e o objeto, sobretudo é aquele que situa o objeto da atividade humana, o acusativo, no centro do sistema linguístico, orientando para ele todo o pensamento.

Pode-se igualmente, como fazia recentemente H. Wein,[20] reconhecer como o sistema linguístico greco-latino impôs à filosofia ocidental algumas categorias fundamentais, desde Aristóteles até Kant, passando pelas qualidades primárias de Descartes e de Locke: essas categorias dão relevo à numeração e à mensuração das coisas no espaço-tempo. Um sistema linguístico como o chinês, no qual o número e a oposição entre sujeito e objeto desempenham pouco ou nenhum papel, não pode impor tais categorias à sua filosofia. A propósito, gostaria de assinalar o quanto os estudos de Liou Kia-Hway são preciosos nessa perspectiva. Seu livro recente sobre *O Espírito Sintético da China* mostra como a diferença entre a escrita chinesa, de essência concreta e sintética, e a escrita ocidental, de essência abstrata e analítica, conduz a uma oposição fundamental entre o pensamento chinês e os pensamentos do tipo ocidental.

> A China antiga conhece apenas um todo concreto [...] O todo concreto [...] é sobretudo uma presença inefável e impensável. Essa presença inefável e impensável escapa necessariamente de toda apreensão do pensamento conceitual, cuja essência é a precisão. Ela é obrigada a se encarnar inadequadamente em uma justaposição dos caracteres chineses cuja ordem sintática é muito livre e cujo respectivo significado é extremamente vago.[21]

Observemos a esse respeito, aliás, a dificuldade ao mesmo tempo que o valor da filosofia comparada. O sentido pleno de uma frase de uma língua dada não pode ser traduzido para outra língua. Então jamais podemos compreender completamente uma

---

[19] H. Hartmann, "Die Struktur der indogermanischen Sprachen und die Entstehung der Wissenschaft", na coletânea *Sprache und Wissenschaft*. Göttingen, 1960, p. 70.

[20] H. Wein, "Sprache und Wissenschaft", na coletânea citada na nota precedente, p. 26-27.

[21] L. Kia-Hway, *L'Esprit Synthétique de la Chine*. Paris, PUF, 1961, p. 13.

filosofia expressa em uma língua estrangeira, sobretudo quando ela corresponde a um sistema linguístico extremamente diferente do nosso. Mas, ao mesmo tempo, é uma visão do universo completamente diferente da nossa que se nos revela e vem completar a nossa própria visada. Por isso, o tradutor deve violentar sua própria língua para introduzir nela os traços próprios da língua estrangeira.[22] E ainda aqui, ao final, nos chocamos com um limite intransponível à via da clareza e da compreensão.

Filosofamos em "um jogo de linguagem", isto é, para retomar a expressão de Wittgenstein, em uma atitude e uma forma de vida que dá sentido à nossa fala. Um exemplo permitirá compreender o que queremos dizer com isso. Suponhamos que um filósofo contemporâneo, chegando a uma estação ou um aeroporto, cercado de jornalistas, lhes dê a seguinte declaração: "Deus está morto". Por si mesma, essa fórmula não tem um sentido único, ela admite uma pluralidade de significados, ela é "polissêmica". Para os gregos que cantavam nas suas procissões "Cronos está morto", essa aclamação litúrgica possuía um sentido mítico e ritual. Para o cristão que acredita na Encarnação, a fórmula também possui um sentido: ela significa que é preciso referir ao Verbo eterno, que é Deus, a ação humana que é a morte de Jesus. Para Nietzsche, enfim, a fórmula não pertence nem ao jogo de linguagem da aclamação ritual, nem ao jogo de linguagem da teologia, nem ao jogo de linguagem próprio à afirmação histórica. A fórmula é apresentada em uma parábola, a parábola do louco que busca Deus com uma lanterna na praça do mercado e que as pessoas não compreendem: "Cheguei muito cedo, ainda não é meu tempo. Esse acontecimento enorme está ainda a caminho, não atingiu ainda os ouvidos dos homens".[23] Sob essa fórmula simbólica, encontra-se um chamado que, em última instância, tem valor religioso na medida em que o não a Deus deve ser um sim aos valores que repousavam apenas sobre ele. É "uma negação cuja violência

---

[22] Cf. as observações de W. Benjamin, *Œuvres Choisies*. Trad. fr. M. de Gandillac. Paris, Julliard, 1959, p. 72.

[23] Nietzsche, *Œuvres Complètes*. Ed. Kroner, t. XV, p. 163.

se reverte em afirmação",[24] um ultrapassamento do niilismo. A declaração do filósofo aos jornalistas tem todo um outro significado. É evidentemente uma alusão a Nietzsche, contudo não é mais o anúncio profético e simbólico de um "acontecimento enorme", mas a evocação de uma fórmula, uma repetição; não é mais um chamado angustiado, mas, no máximo, um hábil resumo de uma situação histórica. É talvez um programa, mas que se reveste, no jogo de linguagem da entrevista, de um significado totalmente diferente daquele que visava Nietzsche com a mesma fórmula.

Wittgenstein nos dizia há pouco que era necessário romper radicalmente com a ideia de que a linguagem funciona sempre apenas de um modo e sempre com o mesmo objetivo, que seria traduzir pensamentos. É mister também, penso, romper com a ideia de que a linguagem filosófica funcionaria de maneira uniforme. O filósofo está sempre em um certo jogo de linguagem, isto é, em uma certa atitude, em uma certa forma de vida, e é impossível dar um sentido às teses dos filósofos sem situá-las no seu jogo de linguagem.

Os antigos percebiam bem mais que nós o sentido dessas diferenças nos jogos de linguagem. Para eles, uma fórmula possuía naturalmente vários sentidos, isto é, várias possibilidades de aplicação. Isso era verdade inicialmente para os oráculos, mas também para os provérbios e para as sentenças dos poetas e dos filósofos. Retirada do seu jogo de linguagem original, uma fórmula platônica ou homérica pode mudar de sentido sem nenhuma dificuldade, isto é, ser retomada em um jogo de linguagem diferente. É o que torna a interpretação alegórica possível.

Se somos menos sensíveis a essas diferenças, é porque a filosofia, que originalmente era oral, tornou-se não somente escrita, mas impressa.

Na Antiguidade, a escrita supõe quase sempre a oralidade, ela é antes de tudo um pró-memória, um substituto. O que sabemos sobre certos pré-socráticos, como Heráclito, por exemplo, nos permite estimar o quanto essas sentenças, esses "ditos" ainda

---

[24] A. de Waelhens, *La Philosophie de Martin Heidegger*. Louvain, Nauwelaerts, 1942, p. 355. Ver também as observações de K. Jaspers, *Nietzsche*. Paris, p. 250 ss.

estão próximos da palavra viva, o quanto esses jogos de linguagem, aliás, querem mostrar a fraqueza da linguagem cotidiana.[25] Aristóteles notará, em seus *Tópicos*,[26] que uma tese é um enunciado contrário à opinião corrente. Poemas como os de Empédocles ou Parmênides constituem igualmente outro jogo de linguagem. O diálogo platônico também supõe a palavra vivida: penso que é preciso tomar literalmente as condenações platônicas à escrita: "Jamais qualquer homem sério se arriscará a escrever sobre tais temas".[27] Toda a filosofia antiga acreditara naquilo que se poderia chamar o valor ontológico da palavra: o discurso "vivo e animado"[28] transforma a alma do discípulo. O diálogo platônico, conforme a excelente fórmula de V. Goldschmidt, busca menos informar que formar.[29] Ele é antes de tudo um exercício espiritual que torna o discípulo apto a atingir subitamente a visão do Bem. Na Antiguidade tardia, até os comentários pesadamente escolásticos dos últimos neoplatônicos correspondem ainda a um itinerário da alma em direção a Deus: começa-se por Aristóteles, são os pequenos mistérios; depois se lê Platão em uma ordem bem determinada, são os grandes mistérios.[30] Mais que teses, ensinam-se vias, métodos, exercícios espirituais.

A fala se dirige a um auditório concreto. O discurso filosófico se dirige quase sempre ao grupo de ouvintes que constitui a escola e ele é destinado sobretudo a colocar os ouvintes em certo estilo de vida, estoico ou epicurista, platônico ou cínico. Os escritos filosóficos são destinados também, antes de tudo, a esse grupo social. Em cada escola são conservados os manuscritos das obras de seu fundador. Elas são comunicadas apenas aos iniciados. Um auditório concreto deve ser persuadido. Ele é convencido e formado pouco a pouco. As "teses" do filósofo terão então um aspecto retórico e pedagógico. O "discurso" filosófico dará tanto lugar à pura

---

[25] Éric Weil, *Logique de la Philosophie*, p. 105.

[26] *Tópicos*, 104b 19.

[27] *Carta VII*, 341c e 344c.

[28] Platão, *Fedro*, 276a.

[29] V. Goldschmidt, *Les Dialogues de Platon*. Paris, PUF, 1947, p. 3. [Em português: *Os Diálogos de Platão. Estrutura e Método Dialético*. Trad. Dion Davi Macedo. São Paulo, Loyola, 2010.]

[30] Marinus, *Vie de Proclus*, 13. Ed. Boissonade. Paris, Didot, 1878, p. 167.

ginástica intelectual quanto à pregação. Por tudo isso, seguidamente será difícil definir exatamente os "dogmas" de um filósofo. Mas, provavelmente, é porque, para os antigos, os "dogmas" eram apenas um dos aspectos secundários da filosofia.

A fala tem seu tempo próprio. E os escritos dos filósofos antigos permanecem próximos desse tempo próprio da fala: em geral, eles têm a extensão que corresponde a uma lição. Mesmo os comentários dividem-se mais ou menos desse modo. Resulta daí que os filósofos antigos visam sobretudo à coerência no interior dos seus *logoi* concretos, nos limites de um discurso ou de uma sequência de discursos determinados, mas que eles se preocupam muito menos com ela no conjunto da sua obra. Todos os esforços dos historiadores da filosofia para reduzir em sistema Platão ou Plotino ou mesmo Aristóteles estão, portanto, fadados ao fracasso. Ainda aqui as teses só possuem sentido pleno nos limites de um "discurso" determinado e não devem ser separadas da intenção geral desse "discurso". Pode acontecer de as teses de um mesmo filósofo, situadas em discursos diferentes, serem aparentemente contraditórias. Contradição e não contradição sempre se relacionam a um discurso determinado e não a um discurso ideal e absoluto.[31]

Nessa história dos jogos de linguagem filosófica, a Idade Média constitui um período de transição. Guardando contato com o auditório concreto, a filosofia tende a se dirigir a um auditório universal e o discurso filosófico tende a tomar as proporções e as exigências de uma Suma.

Mas é com a imprensa, sobretudo, que uma transformação radical se opera. O escrito prevalece sobre a fala. Os jogos de linguagem filosóficos são transformados pelo próprio fato de que, no lugar de constituírem o eco de uma palavra viva, de saída eles são destinados a ser lidos. Tende-se a eliminar todos os elementos retóricos e pedagógicos, todas as incertezas, hesitações, retomadas do discurso falado, para apresentar imediatamente os próprios dogmas. Mas, ao mesmo tempo, uma vez que não se trata mais

---

[31] Mesmo a constância estoica supõe que o universo e a vida do homem sejam um *logos* concreto e determinado.

de persuadir um auditório concreto, mas o auditório universal, o homem em si,[32] trata-se de assegurar as condições de uma certeza absoluta: de Descartes a Hegel, essa será a preocupação maior dos filósofos. Coerência total, valor universal para uma razão impessoal, eis o que querem possuir doravante as filosofias que se tornam propriamente sistemas. As obras literárias nas quais elas se expressam são totalmente eclipsadas diante do pensamento sistemático que devem traduzir de maneira exata. Mas ainda aqui o jogo de linguagem, se é menos perceptível que na filosofia antiga, não deve nos escapar. Essas obras literárias têm sua estrutura, suas exigências próprias. O sentido das doutrinas é inseparável da técnica demonstrativa que elas utilizaram para se expressar. "Dogmas" e "método" são indissociáveis e "se revelam da maneira mais concreta na estrutura das obras escritas".[33]

A esse respeito, seria necessário considerar como jogos de linguagem muito diferentes esses gêneros literários, tão profundamente diversos, que são o diálogo, a exortação ou protréptico, o hino ou prece (por exemplo, as *Confissões* de Santo Agostinho), o manual, o comentário exegético, o tratado dogmático, a meditação. E seria necessário igualmente distinguir as atitudes tradicionais desde a Antiguidade, que são a dialética dos *Tópicos*, a argumentação propriamente retórica, o raciocínio lógico, a exposição propriamente didática. Constatar-se-á então que o fato de se situar em uma dessas tradições predetermina o próprio conteúdo da doutrina que se exprime nesse jogo de linguagem: os "lugares comuns" não são tão inocentes quanto se poderia acreditar.

Wittgenstein nos introduziu, portanto, a uma reflexão sobre as condições "linguísticas" da filosofia que ele sem dúvida não teria previsto. Penso, contudo, que, atraindo nossa atenção sobre esse fenômeno primitivo e original, que é a linguagem cotidiana na

---

[32] Cf. o prefácio de É. Bréhier à obra de Ch. Perelman, *Réthorique et Philosophie*. Paris, PUF, 1952, p. VII, e o próprio Perelman, ibidem, p. 21 ss. Esse problema do auditório, restrito ou universal, está ligado ao problema das "noções comuns", isto é, ao "aspecto social imperfeito e inacabado do saber filosófico".

[33] V. Goldschmidt, *Le Système Stoïcien et l'Idée de Temps* (1953). 4. ed. Paris, Vrin, 1998, p. 8.

diversidade dos seus jogos de linguagem, Wittgenstein nos revela realmente o que ele chama "os fundamentos da pesquisa" que não mais espantam o homem, diz ele, porque lhe parecem simples e cotidianos (§ 129). O espanto é sempre um novo ponto de partida: a crítica linguística da filosofia, que parte desse espanto, não põe fim à filosofia, mas reconduz a filosofia a uma de suas atitudes, aquela que H. Wein chamou de atitude da "consciência aporética": mostrar na aporia o inexprimível. Pois, diz H. Wein, "é na possibilidade da não resposta que reside a eminente possibilidade filosófica da linguagem".[34]

---

[34] H. Wein, "Sprache und Wissenschaft", na coletânea *Sprache und Wissenschaft*, p. 39.

Carta de Elizabeth Anscombe
a Pierre Hadot[1]

27, St John St.

Oxford

10 de outubro de 1959

Caro Sr. Hadot,

Muito obrigada por sua carta assim como por seu artigo. Você há de me permitir escrever em inglês, estou certa disso, pois escrevo em francês com dificuldade ou muito mal.

Li seu artigo com grande prazer: ele me parece propor uma excelente síntese popular do *Tractatus* e, se posso dizê--lo, ser ao mesmo tempo lúcido e elegante. Ele possui o mérito inabitual de apresentar uma síntese que parece derivada pura e simplesmente do que Wittgenstein disse e não do que Russell ou os filósofos do Círculo de Viena pensaram que ele

---

[1] As páginas 870, 874, 875, 877 e 878, citadas por G. E. M. Anscombe, correspondem, no presente volume, às páginas 47, 52, 53, 55 e 57.

pretendia dizer. Provavelmente, deve se tratar do primeiro artigo sério sobre Wittgenstein na França e estou contente por ele fornecer uma síntese tão boa. Creio que não é muito grave você não ter lido meu livro.

Os seguintes pontos me parecem estar errados.

Você parece pensar (no meio da p. 870) que "o espaço lógico" é somente o espaço das *proposições*, que corresponderia ao espaço físico no qual os *fatos* existem. Penso que essa não é a doutrina do *Tractatus*: veja, por exemplo, 1.13. Na página 875, você atribui a W. o desejo de reduzir as constantes lógicas a um mínimo, o que penso ser bastante desprovido de fundamento. Tal programa nos levaria a nos perguntar o que dizer do resíduo intratável! Na medida em que, de toda forma, as constantes lógicas "não são representantes de nada", não faz diferença alguma que você empregue "|" ou "~" e "v", ou ainda "~", "⋅", "v" e "⊃". A "constante lógica única" de 5.47 não é, bem entendido, nenhuma delas. Imagino que a teoria wittgensteiniana das funções de verdade não teria sido um elemento fácil de incluir no seu artigo.

Estou ligeiramente inclinada a criticar sua tradução do alto da p. 877; "durch sie" não significa simplesmente "por meio de", expressão que é em seguida explicitada pelo "auf sie" entre parênteses?

Traduzi assim: "ele as utilizou – como trampolins – para superá-las" ou qualquer coisa desse tipo. Posso, porém, estar enganada.

Também tenho algumas dúvidas no que concerne ao "êxtase" da página 878, mas não sei se conseguiria me justificar.

Na página 874, linha 10, há uma gralha infeliz – ou lapso – "livros" no lugar de "objetos"; chamo sua atenção para esse ponto no caso de mais tarde decidir reproduzir o artigo: essas coisas escapam facilmente aos olhos.

Devo lhe informar que um editor francês está para publicar uma tradução do *Tractatus* e que ele provavelmente adquiriu os direitos para a França. Esqueci o nome do editor assim como o do tradutor, mas eu poderia encontrá-los para você se quiser conhecê-los. Tive a oportunidade de ver um excerto da tradução: não estava desprovida de erros, mas já era, certamente, bem melhor que a versão inglesa. Não há, porém, grande mérito nisso!

Obrigada mais uma vez, respeitosamente,

G. E. M. Anscombe.

A LÓGICA COMO LITERATURA?
OBSERVAÇÕES SOBRE O SIGNIFICADO DA FORMA LITERÁRIA EM WITTGENSTEIN[1]

Gottfried Gabriel

Quando se fala do *Tractatus Logico-Philosophicus* de Wittgenstein, alguns pensam nas tabelas de verdade da lógica, outros em belas frases de literatura. Do ponto de vista filosófico, uns relacionam Wittgenstein a Carnap e ao Círculo de Viena, outros a Heidegger. Os primeiros fazem dele um positivista; os segundos, um existencialista. Ora, não poderia haver, parece-me, extremos tão distantes. Essa é a razão pela qual os intérpretes de Wittgenstein

---

[1] O autor e os tradutores [do alemão para o francês] agradecem ao professor Dieter Teichert (Universidade de Constance) pelos preciosos conselhos que ele deu acerca da tradução francesa. Este estudo foi publicado em alemão na revista *Merkur* (32, caderno 359, 1978, p. 353-62). A tradução francesa do texto foi publicada na revista *Le Nouveau Commerce* (caderno 82/83, 1992, p. 72-85). Infelizmente, por causa de um erro de transmissão, não tendo sido as provas repassadas para o tradutor, as correções do autor não puderam ser introduzidas e os erros de impressão não puderam ser corrigidos. Ademais, o nome do autor foi apresentado sob a forma Gabriel Gottfried. Na presente edição, esses erros e omissões puderam ser reparados. O texto alemão desse estudo foi retomado por Gottfried Gabriel com certo número de acréscimos no seu livro *Zwischen Logik und Literatur*, Stuttgart, 1991. A presente tradução [do alemão para o francês] foi realizada a partir do texto da revista *Merkur*. [Para a edição em português, foi feito um novo cotejo com o original alemão. Esse trabalho foi realizado por Maria Fernanda d'Abreu – N. E.]

têm o hábito de se voltar alternativamente para uma ou outra dessas interpretações. Fazendo assim, não se negam os aspectos próprios da outra interpretação, mas eles simplesmente são postos de lado ao se interpretar o significado do conjunto numa perspectiva ou lógico-epistemológica ou existencialista. As duas correntes tradicionais de interpretação do *Tractatus* são assim representativas de concepções filosóficas antagônicas, a lógico--epistemológica e a existencialista.

A questão para a qual vou tentar trazer aqui uma resposta é esta: como compreender a relação entre os aspectos lógico-epistemológicos e existencialistas no *Tractatus* de Wittgenstein? Para responder a essa questão, que não se deve encarar como um problema que interessaria apenas à história da filosofia, a forma literária do *Tractatus* é, na minha compreensão, a chave.

1

Começo com uma breve exposição, sob forma de paráfrase, dos pensamentos desenvolvidos no *Tractatus*. Faço isso por duas razões: por um lado, porque não gostaria de partir do princípio de que todos os meus leitores têm suficiente conhecimento do *Tractatus*; por outro, porque em toda exposição dos pensamentos de Wittgenstein já surge o problema ao qual o subtítulo do meu artigo faz alusão, a saber, o problema da relação entre pensamentos filosóficos e seu modo de expressão. Por isso, é necessário que eu faça uma exposição preliminar à qual poderei me referir em seguida com uma distância crítica. Não espero que essa observação seja, desde agora, perfeitamente compreensível.

O *Tractatus* aborda sucessivamente os seguintes temas: o mundo, o pensamento, a linguagem, a lógica e novamente o mundo. A primeira proposição – que faz parte das *belas* proposições – se enuncia: "O mundo é tudo o que ocorre" e significa: o que é "um fato" faz parte do mundo e o mundo está repleto de fatos. Todos os fatos fazem parte do mundo e somente os fatos fazem parte do mundo. O que se segue à primeira proposição, em certo sentido e até a conclusão do *Tractatus*, são explicações destinadas a permitir a compreensão exata dessa proposição. Pode-se decompor os fatos até que se chegue a fatos simples, estados de coisas existentes. Os estados de coisas são configurações de objetos simples. Eles são independentes uns dos outros em sua existência (ou sua inexistência): ou seja, da existência ou da inexistência de um estado de coisas pode-se inferir a existência ou inexistência de um outro estado de coisas. Nós tentamos apreender forjando para nós mesmos imagens dos fatos. Quando forjamos imagens lógicas dos fatos, pensamos: "A imagem lógica dos fatos é o pensamento" (prop. 3). É por meio de proposições que os pensamentos são expressos; em verdade, "o pensamento é a proposição provida de sentido" (prop. 4).

À relação entre fato e estado de coisa corresponde, no nível da proposição, a relação entre proposição complexa e elementar. As proposições elementares são aquelas que a análise lógica não permite reduzir a proposições mais simples. São imagens lógicas de estados de coisas, isto é, elas têm a forma lógica em comum com os estados de coisas; a configuração dos nomes dos quais elas se compõem corresponde à configuração dos objetos nos respectivos estados de coisas. Toda proposição elementar é ou verdadeira ou falsa, existindo ou não o estado de coisas por ela descrito. Toda proposição complexa pode ser construída como função de verdade a partir de proposições elementares com a ajuda de operadores lógicos. Desse modo, é possível descobrir a verdade ou a falsidade de uma proposição complexa caso se conheça sua estrutura lógica assim como a verdade ou a falsidade das proposições elementares da qual ela é composta. O conjunto de proposições construídas dessa maneira – na terminologia de Wittgenstein, o conjunto das proposições providas de sentido – é a linguagem (provida de sentido) (prop. 4.001). E entre as proposições providas de sentido, as que são proposições verdadeiras constituem a ciência da natureza em seu conjunto (prop. 4.11).

A totalidade das proposições verdadeiras, portanto, a ciência da natureza, descreve integralmente o mundo considerado como conjunto dos fatos. As proposições que não descrevem – com pertinência ou não – uma parte do mundo não constituem, na terminologia de Wittgenstein, proposições no sentido próprio do termo, elas não são proposições providas de sentido. Fazem parte dessas proposições que não são providas de sentido, por exemplo, as proposições da lógica, da filosofia e da ética. No grupo das proposições não providas de sentido, Wittgenstein estabelece uma vez mais uma distinção entre as proposições que não são providas de sentido e as proposições que são contrassensos. Não providas de sentido são as proposições da lógica. Isso não é um julgamento de valor negativo, significa somente que essas proposições são tautologias. Contrassensos são as proposições da filosofia e da ética. Entre essas proposições, no entanto, as da filosofia não são forçosamente sem valor. As proposições da ética, em contraposição, não têm valor algum aos olhos de Wittgenstein. Elas não têm, de todo modo, valor epistemológico algum e não podem sequer nos ajudar. As proposições da filosofia têm valor apenas quando nos ajudam a elucidar o sentido de verdadeiras proposições ou, não sendo esse o caso, a revelar o contrassenso de outras proposições, em particular o contrassenso das próprias proposições filosóficas.

2

Eis a paráfrase dos pensamentos-chave do *Tractatus*. Excluí conscientemente de minha exposição certos pontos essenciais tais como a distinção entre o *dizer* e o *mostrar* e o caráter transcendental da linguagem. Tudo o que disse até aqui fala a favor da interpretação lógico-epistemológica, quiçá positivista, do *Tractatus*. Passo agora às observações de tonalidade existencialista que se encontram sobretudo por volta do final do texto. O tema do mundo é retomado mais uma vez aqui, mas num sentido diferente daquele do início.

Wittgenstein havia enfatizado até então o fato de que não se podia falar, por meio de proposições providas de sentido, do mundo como um todo. Seriam especialmente contrassensos as proposições de existência aplicadas ao mundo tomado como um todo. Isso resulta do fato de que as proposições providas de sentido devem se relacionar a fatos, a alguma coisa no mundo, portanto. As proposições de existência providas de sentido podem apenas enunciar alguma coisa sobre objetos *no* mundo e não sobre o mundo tomado como objeto. Uma proposição de existência provida de sentido é, por exemplo, esta aqui: "Há livros" (prop. 4.1272). Contudo, que haja alguma coisa *em si* (objetos, fatos, etc.), que o mundo *em si* exista, é impossível afirmar tanto como negar com proposições providas de sentido. A expressão "em si" (überhaupt) indica que o mundo foi apreendido como um todo. A despeito desse ponto de vista lógico-linguístico, que é notadamente retomado na crítica da metafísica que Carnap dirige a Heidegger, encontramos em Wittgenstein a seguinte observação: "O que é místico não é *como* o mundo é, mas o *fato* de que ele seja" (prop. 6.44).

Aqui, sobretudo, há um paralelismo com Heidegger e o que ele chamou de "a questão fundamental da metafísica": "Por que existe precisamente o Ente e não, antes, nada?" (cf. *O que É a Metafísica?*). Contudo, como se deve interpretar esse paralelismo? – Por meio do *como* (*Wie*) do mundo, Wittgenstein quer dizer a constituição do mundo, o ser-tal do mundo, que se esgota nos fatos e, por conseguinte, não pode guardar nada de místico. Por meio do *fato* (*Dass*) do mundo, quer dizer a existência, o ser-aí (*Dasein*) do mundo. Ao chamar de "místico" o ser-aí, ele dá importância à questão da existência do mundo, à questão do "Ente", simplesmente; mas, fazendo isso, ele não renega sua concepção segundo a qual o discurso sobre a existência do mundo é desprovido de sentido. A questão da existência do mundo é importante na medida em que atormenta o homem, mas não pode haver resposta a essa questão. Wittgenstein tem em comum com os existencialistas o reconhecimento do caráter existencial e não somente metafísico da questão acerca da existência do mundo, mas se distingue deles por não escrever livros sobre esse tema. Se o *Tractatus* termina com a célebre frase: "Sobre o que não se pode falar deve-se calar", supõe-se daí que há o indizível – mas é também justamente sobre ele que se deve manter o silêncio.

O silêncio de Wittgenstein é, pois, um silêncio carregado de sentido. E porque esse silêncio é carregado de sentido, Wittgenstein não é um positivista, e porque seu silêncio permanece um silêncio, o filósofo não é um existencialista, mas – para utilizar uma expressão positiva – *alguém que filosofa de maneira existencial*.

Isso é claramente explicitado pela frase que precede a exortação ao silêncio e que define os enunciados do *Tractatus* (os enunciados dos quais o texto se compõe) como as etapas de uma meditação pessoal: "Minhas proposições esclarecem na medida em que aquele que me compreende as reconhece, ao final, como contrassensos, após ter passado através delas – sobre elas – além delas (deve, por assim dizer, jogar fora a escada depois de ter subido por ela). É preciso que ele supere essas proposições, então verá o mundo de uma maneira correta" (prop. 6.54).

A finalidade de seu "filosofar" não é, portanto, o conhecimento do mundo na medida em que é compreendido como conjunto dos fatos (essa é a tarefa da ciência da natureza ou, de modo mais geral, da ciência), muito menos a análise das condições desse conhecimento (essa é a tarefa da lógica ou da epistemologia): a finalidade de seu "filosofar" é antes *ver* o mundo *de uma maneira correta* e é precisamente o mundo considerado como um todo ("É preciso que ele supere essas proposições, então verá o mundo de uma maneira correta"). Ver o mundo de uma maneira correta significa ter uma atitude correta com relação ao mundo e, por conseguinte, com relação à vida ("O mundo e a vida são uma única coisa", prop. 5.621). A finalidade de quem filosofa é, portanto, alcançar o que a ética pretende, mas não pode ensinar. Assim, há na base da compreensão do *Tractatus* esse paradoxo digno de reflexão: Wittgenstein mantém o mais obstinadamente possível em silêncio o que ele considera, precisamente, o mais importante. Para aqueles que ainda duvidariam dessa interpretação, gostaria de citar um excerto bastante longo de uma carta a Ludwig von Ficker, datada de 1919.

> O sentido do livro é ético. Quis, primeiramente, incluir no "Prefácio" uma frase que não se encontra efetivamente nele, mas que vou escrever aqui porque lhe será, talvez, uma chave. Queria, pois, escrever que minha obra é formada de duas partes: da que se encontra aqui (no *Tractatus*) e, ainda, de tudo que eu "não"

escrevi. E é precisamente essa segunda parte que é a mais importante. Com efeito, meu livro delimita o ético a partir de dentro; e estou convencido de que é, *rigorosamente, a única* maneira de traçar esse limite. Em síntese, acredito: todas as coisas sobre as quais *muitos* atualmente fazem *discursos vazios*, eu as estabeleci no meu livro calando-me a respeito delas.[2]

É preciso, entretanto, admitir diante daqueles que ainda têm dúvidas: quem lê o *Tractatus* do início ao fim, sem se contentar em arrancar de seu contexto algumas proposições isoladas, ficará inicialmente surpreso com essa declaração. Wittgenstein estava consciente dela. Ele presumia que Von Flicker não veria que o *Tractatus* tem um sentido ético. E – tal como se gostaria de acrescentar – como, aliás, teria ele podido ver, dado que, aparentemente, a parte escrita consiste unicamente numa análise lógica da linguagem e numa epistemologia? Wittgenstein recomenda a seu correspondente "ler o Prefácio e a Conclusão por exprimirem de modo mais imediato o sentido da obra". Enfatizo: *de modo mais imediato!* Isso permite supor que o sentido do *Tractatus* também se exprime na parte lógico-epistemológica e, na verdade, obliquamente, indiretamente. Passo assim à segunda parte da minha interpretação, a "literatura" no *Tractatus* de Wittgenstein.

3

Eu dizia então que existe no *Tractatus* uma desproporção paradoxal entre o que Wittgenstein exprime e o que verdadeiramente pensa, isto é, o ponto a que quer chegar. Esse paradoxo se exprime na conclusão, quando Wittgenstein utiliza a metáfora da escada como autonegação. Não se pode resolvê-lo colocando-o de lado, mas é possível torná-lo compreensível. Se uma solução fosse possível, o *Tractatus* não teria o sentido que tem, pois esse paradoxo faz parte justamente de seu sentido: o mais importante não se

---

[2] Wittgenstein, *Briefe an Ludwig von Ficker*. Ed. G. H. von Wright. Salzburg, 1969, p. 35.

deixa dizer em proposições providas de sentido, que satisfaçam os critérios da inteligibilidade científica.

Para quem lê a parte lógico-epistemológica do *Tractatus* da maneira como a apresentei, parafraseando-a, o paradoxo que se encontra no final deve parecer surpreendente e – se não forem acrescentadas a ele as observações que Wittgenstein fez sobre seu texto – incompreensível, em última instância. Foi o que aconteceu com Bertrand Russell, Carnap e a maior parte dos membros do Círculo de Viena. Pode-se evitar, porém, esse mal-entendido caso se oponha a forma literária à paráfrase do conteúdo e assim se empreenda até certo ponto um segundo percurso de interpretação.

A paráfrase sugere que o *Tractatus* é, essencialmente, uma obra de lógica e de teoria da ciência. Caso se considere a forma literária como alguma coisa puramente secundária, como uma simples particularidade de estilo própria do autor, acaba-se desviando a compreensão correta da obra. Não se dá conta dos indícios – indícios, aliás, que consistem no fato de uma grande parte das proposições lógico-epistemológicas também serem aforismos. O sentido ético já começa a se exprimir – ainda que indiretamente – nessa forma literária. O "literário" tem um significado filosófico. Gostaria de justificar essa interpretação em duas etapas. Primeiramente, trata-se de provar que Wittgenstein não escolheu por acaso a forma literária, mas que a considerava essencial. Posteriormente, será possível mostrar em que consiste a ligação entre a forma literária e o significado ético da obra.

Sabe-se que Wittgenstein não concordava com a introdução de Russell ao *Tractatus*. Mais do que isso: Wittgenstein até mesmo se opôs a que sua obra fosse publicada com a introdução de Russell. Isso surpreende ainda mais porque se tem a impressão de que Russell faz uma paráfrase muito esclarecedora das posições fundamentais lógicas e epistemológicas de Wittgenstein. Esse último, todavia, chama a versão inglesa de "uma confusão"[3]

---

[3] Hadot utiliza "mélasse", cujo significado literal é "melaço", mas tem a conotação de "confusão". O original alemão é "Gebräu", literalmente "beberagem". Os tradutores agradecem ao professor Paulo Margutti Pinto pelo esclarecimento acerca do original alemão. (N. T.)

e considera a tradução alemã "mais impossível" ainda.⁴ Junto a Russell, justifica sua rejeição dizendo que a tradução carece da "fineza" do "estilo inglês", restando "superficialidade e mal-entendido".⁵ De maneira geral, Wittgenstein não foi contrário somente *ao que* Russell diz, mas também à maneira como ele diz. Quando, apesar de tudo, o *Tractatus* (com a introdução de Russell) é publicado nos "*Anais da Filosofia da Natureza*", Wittgenstein recomenda expressamente a Russell tomar cuidado para que nada, absolutamente nada, nem mesmo a ortografia, seja mudado no texto.

Compreender-se-á a preocupação quase angustiada de Wittgenstein lendo, numa carta destinada a L. von Flicker: "A obra é rigorosamente filosófica e ao mesmo tempo literária". É a frase seguinte que indica como *não* se deve compreender o termo "literário": "Nela não há discursos vazios". O que Wittgenstein pretende dizer com o termo "literário" recebe uma alusão no Prefácio. Ele insiste particularmente no fato de que se sua obra tem um "valor", ele consiste no fato de que "nela são expressos pensamentos". Contudo, por que razão, poder-se-ia perguntar, consiste o valor de uma obra filosófica em exprimir pensamentos? Caso se entenda o termo "pensamento" em seu sentido usual, isso parece antes uma evidência. Ao contrário, se, para explicar o que Wittgenstein pretende dizer, é preciso recorrer à sua própria terminologia, que define "pensamento" como "proposição provida de sentido" (prop. 4), então é mesmo impossível que as proposições do *Tractatus* exprimam pensamentos, pois, segundo Wittgenstein, elas não são proposições providas de sentido, mas contrassensos. É por isso que o termo "pensamento" empregado no Prefácio não pode ser entendido nem em seu sentido corrente, nem no sentido que tem na terminologia de Wittgenstein.

Descobre-se o indício esclarecedor quando Wittgenstein afirma que o valor de seu trabalho será tanto maior "*quanto mais bem expressos forem os pensamentos, quanto se tiver acertado*

---

⁴ Cartas a P. Engelmann de 24 de abril e de 8 de maio de 1920, em P. Engelmann, *Ludwig Wittgenstein. Briefe und Begegnungen*, Viena e Munique, 1970.

⁵ Carta a Russell de 6 de maio de 1920, em *Wittgenstein, Letters to Russell, Keynes and Moore*, G. H. von Wright (ed.), Oxford, 1974.

a cabeça do prego com mais precisão".[6] Exprimir pensamentos precisamente é, de forma concisa, a finalidade do modo de expressão aforístico. E acrescento que o termo "pensamento" é frequentemente empregado no sentido de "aforismo" e que foi utilizado nesse sentido, particularmente por Karl Kraus, cuja influência sobre Wittgenstein examinaremos mais detalhadamente. Assim, o que se mostra no Prefácio como aparentemente evidente assume uma importância capital para a compreensão do todo. O valor do *Tractatus* para Wittgenstein é determinado de maneira decisiva por ser composto de aforismos.

Com isso, penso ter fundamentado a primeira parte da minha tese, segundo a qual o "literário", no *Tractatus*, tem um significado filosófico. A forma literária era essencial para Wittgenstein. A segunda parte da minha tese dizia que essa forma exprime o sentido ético do *Tractatus*. Contudo, qual é então esse sentido ético? Segundo o ponto de vista pessoal de Wittgenstein, ele não pode ser objeto de doutrina. Nos debates registrados por Friedrich Waismann, Wittgenstein faz esta observação: a ética é chocar-se com os limites da linguagem, com o "paradoxo"[7] – referindo-se assim a Kierkegaard. O sentido ético poderia, por conseguinte, ser a perspectiva segundo a qual a ética é precisamente esse "chocar-se", uma ação, portanto, e não um ensinamento. Em outros termos, sem dúvida não há uma ética, mas somente o ético. Para complementar, poder-se-ia também, aliás, fazer alusão ao fato de que Wittgenstein não fala da mística, mas do místico. Ora, dada essa visão da ética, pode-se definir o sentido ético do *Tractatus* também como finalidade ética. O próprio Wittgenstein choca-se com os limites da linguagem ao pretender exprimir – ainda que de maneira apenas alusiva – o indizível. O *Tractatus* não defende somente uma concepção do ético, mas ele próprio é um ato ético na sua pretensão de transmitir a visão correta do mundo com a ajuda de proposições que são contrassensos.

---

[6] Por razões que me são desconhecidas, essa última frase importante está ausente na edição Suhrkamp.

[7] F. Waismann, *Wittgenstein und der Wiener Kreis*. Ed. B.-F. McGuiness. Oxford, 1967. Ver também Wittgenstein, "Lecture on Ethics", *Philosophical Review*, 74, 1965.

Afirmando que a forma do aforismo exprime indiretamente o sentido ético do *Tractatus*, é, sobretudo, nesse segundo aspecto que penso. Para explicitá-lo mais claramente, é necessário lançar um olhar sobre o pano de fundo da história intelectual na qual o *Tractatus* se inscreve.[8]

4

Penso aqui, sobretudo, em Karl Kraus, o já mencionado crítico da linguagem, da literatura e da cultura. Pode-se reconhecer a afinidade existente entre ele e Wittgenstein, por exemplo, nos aforismos de conteúdo similar relacionados à linguagem e seus limites. Para dar apenas um exemplo (de Kraus): "Se não avanço, é porque me choquei com o muro da linguagem. Retiro-me então com a cabeça ensanguentada. E gostaria de ir mais longe".[9] A afinidade de conteúdo se estende, por conseguinte, até o significado existencial do choque contra os limites da linguagem. A partir disso, pode-se reconstruir o uso que Wittgenstein faz do modo de escrita aforístico como aplicação consciente da concepção de aforismo desenvolvida por Kraus. Kraus formula em um aforismo sobre o aforismo: "Não é necessário que um aforismo seja verdadeiro, mas é preciso que ultrapasse a verdade. É preciso, em uma única frase (*mit einem Satz*), ir além dela". A ambiguidade deliberada da expressão "*mit einem Satz*", que significa ao mesmo tempo "em

---

[8] A. Janik e St. Toulmin dão uma imagem detalhada e convincente de todo o pano de fundo da história intelectual no livro intitulado *Wittgenstein's Vienna*. Nova York, 1973.

[9] K. Kraus, *Werke*. Ed. H. Fischer, Bd. 3, p. 326. Uma análise detalhada dos paralelismos entre Kraus e Wittgenstein, que leva em conta as *Investigações Filosóficas*, foi proposta por Werner Kraft em *Rebellen des Geistes*, Stuttgart, 1968. Que Wittgenstein apreciava infinitamente Kraus, é o que atesta uma carta de 19 de julho de 1914 destinada a L. von Ficker. É graças a P. Engelmann que conhecemos de maneira mais precisa o que Wittgenstein pensava sobre Kraus. Uma carta de Wittgenstein, datada de 25 de outubro de 1918, é particularmente instrutiva a esse respeito. Nessa carta, ele conta a Engelmann que o editor Jahoda, por quem também havia sido publicada a revista de Kraus, *Die Fackel*, havia recusado a impressão de sua obra "por razões supostamente técnicas". E Wittgenstein prossegue então assim: "Contudo, eu gostaria muito de saber o que Kraus lhe disse. Se tiver a chance de descobrir, ficaria muito contente".

uma só frase" e "em um salto", isto é, precisamente, sublinha o que Kraus exprime num outro aforismo: "Não se pode ditar um aforismo para a datilografia. Isso duraria tempo demais".[10]

Em que – e aí está a questão que resume tudo –, em que a concepção de aforismo desenvolvida por Kraus é filosoficamente importante no *Tractatus*? A resposta pode ser formulada brevemente aplicando-se o que Kraus diz a propósito do aforismo ao juízo que Wittgenstein faz sobre suas próprias proposições: as proposições do *Tractatus* não são verdadeiras (no sentido da verdade lógica ou empírica), mas elas são contrassensos (portanto, também não são falsas), elas "ultrapassam" a verdade (da lógica e da ciência) indicando o caminho para ver o mundo de maneira correta. E como a correta visão do mundo é o sentido (a finalidade) ético do *Tractatus*, o aforismo torna-se aos olhos de Wittgenstein a forma adequada para exprimir esse sentido.

As proposições do *Tractatus* se encaixam – para retomar a metáfora de Wittgenstein – de algum modo como degraus para construir uma escada. As proposições anteriores são ultrapassadas pelas seguintes. A primeira proposição é um exemplo disso: "O mundo é tudo o que ocorre". Nesse ponto, ao empregar a denominação "o mundo", Wittgenstein parece concebê-lo como um objeto e parece pretender fazer uma asserção ontológica sobre o mundo tomado como todo, definindo-o na proposição seguinte como a totalidade dos fatos. Ora, isso é um contrassenso que transgride a sintaxe lógica, tal como se descobrirá claramente num degrau mais elevado da escada (prop. 4.1272). As asserções ontológicas, ainda que necessárias para a ascensão, estão situadas mais abaixo e, portanto, superadas; e, no que diz respeito ao sentido ético do *Tractatus*, "ultrapassadas". E, mesmo que o uso linguístico de "o ético" (*das Ethische*), em oposição a "a ética" (*das Ethik*), pareça, na acepção de hoje, inabitual, é claro que Wittgenstein não tem em vista método algum de superação de conflitos quando afirma: "Pode haver uma ética se não há além de mim nenhum ser vivente? Sim, se a ética deve ser alguma coisa fundamental" (*Cadernos*, anotações realizadas em 2 de agosto de

---

[10] Cf. também: "O aforismo jamais coincide com a verdade; ou ele é uma meia verdade ou uma verdade e meia" (*Werke*, t. 3, p. 161).

1916). Segundo Wittgenstein, não são a ética e a filosofia prática, mas a ética e a estética que são "uma" (prop. 6.421). Para ele que conhecia, graças à leitura de Schopenhauer, a afinidade entre "belo" (*schön*) e "contemplar" (*schauen*), há uma ligação entre a visão correta do mundo – o contemplar – e as belas proposições: o sentido ético, que não se deixa "dizer" em proposições, "revela-se" na forma estética do aforismo. Esse é o significado filosófico do elemento literário contido no *Tractatus* de Wittgenstein.

5

Não se tratava para mim, em minha exposição, de reconstruir Wittgenstein em todos os seus detalhes, de reconstruir, por assim dizer, um a um os degraus de sua escada, mas de elucidar o fato de que há uma maneira correta de fazer filosofia que não se resolve em teoria da ciência, que não se detém num degrau fixo, uma maneira de filosofar que aspira a se elevar, mas não sem se apoiar em degraus fixos, isto é, sem se perder "em discursos vãos".

O próprio Wittgenstein criticou mais tarde a maior parte de suas concepções, mas a finalidade de sua atividade filosófica se manteve a mesma naquilo que se chama de sua segunda filosofia – as *Investigações Filosóficas* – e isso se expressa igualmente no fato de sua linguagem filosófica ter permanecido literária. Aqui se manifesta a unidade do filosofar nas duas filosofias de Wittgenstein.[11] À provável pergunta: "quais podem ser pois os resultados de uma tal filosofia?", o próprio Wittgenstein deu a resposta (nas *Investigações Filosóficas*): "Os resultados da filosofia consistem na descoberta de qualquer simples contrassenso

---

[11] As *Observações Filosóficas* de Wittgenstein, recentemente publicadas na *Biblioteca Suhrkamp*, confirmam abundantemente os pensamentos-chave de minha exposição; por um lado, as observações são, em sua maioria, aforismos; por outro, Wittgenstein compara sua maneira de escrever à de Karl Kraus (por exemplo, p. 51 e 127) e, enfim, entre os aforismos, encontram-se os pontos em que Wittgenstein destaca a proximidade entre filosofia e literatura. Assim, uma Observação diz o seguinte (p. 53): "Creio ter resumido minha posição com relação à filosofia dizendo que a filosofia deveria ser *obra poética*". [Em português: *Observações Filosóficas*. Trad. A. Sobral e M. S. Gonçalves. São Paulo, Loyola, 2005.]

e nas contusões que o entendimento desenvolveu ao chocar-se com as fronteiras da linguagem. Essas contusões nos fazem conhecer o valor dessa descoberta" (§ 119).

E, em seguida, está em questão "a descoberta autêntica" que "me torna capaz de interromper, quando quero, o ato de filosofar. A que conduz a filosofia ao repouso de modo que ela não seja mais fustigada por questões que a colocam *a si mesma* em questão" (§ 133).

O *Tractatus* e as *Investigações Filosóficas* não são, nenhuma das duas, obras didáticas. O que elas fazem descobrir não são proposições verdadeiras, mas certas posturas. Caso se queira aplicar a elas um conceito que as abarque e lhes seja comum, esse conceito poder-se-ia chamar "sabedoria". E quem pretenderia colocar em dúvida que a filosofia tenha a ver não somente com o saber e com a teoria da ciência, mas também com a sabedoria?

Traduzido[12] por Pierre Hadot, Chantal Collet e
Marie-Dominique Richard

---

[12] Do alemão para o francês. (N. T.)